丛书编委会

总　策　划：来新国　王文成

编委会主任：郭齐勇　周晓亮

编　　　委：来新国　陈知涯　张　彧　尹格韬　沈　众

王文成　孟淑贤　周长志　罗养毅　秦　丹

乌　琛

大家精要

王 充

张鸿 张分田 著

Wang Chong

陕西师范大学出版总社

图书代号 SK17N0231

图书在版编目（CIP）数据

王充 / 张鸿，张分田著. —西安：陕西师范大学出版
总社有限公司，2017.7（2024.1重印）
（大家精要）
ISBN 978-7-5613-9127-3

Ⅰ. ①王…　Ⅱ. ①张…　②张…　Ⅲ. ①王充（27—
约97）—传记　Ⅳ. ①K825.1

中国版本图书馆CIP数据核字（2017）第105405号

王 充　WANG CHONG

张　鸿　张分田　著

责任编辑	陈柳冬雪
责任校对	王淑燕
封面设计	张潇伊
出版发行	陕西师范大学出版总社
	（西安市长安南路199号　邮编 710062）
网　址	http://www.snupg.com
印　制	永清县晔盛亚胶印有限公司
开　本	650 mm×930 mm　1/16
印　张	10
字　数	100千
版　次	2017年7月第1版
印　次	2024年1月第2次印刷
书　号	ISBN 978-7-5613-9127-3
定　价	45.00元

读者购书、书店添货或发现印刷装订问题，请与本公司销售部联系、调换。

电话：（029）85303879　　传真：（029）85307864　85303629

目　录

第 1 章　王充的人生之旅 / 001

一、孜孜不倦的求学之路 / 001

二、崎岖坎坷的仕宦之路 / 017

三、发奋而作的著述之路 / 024

第 2 章　剥掉儒家宗师与经典的神圣外衣 / 030

一、孔子是人不是神 / 030

二、儒家经典并非"万世不易"的真理 / 042

三、孟子之学多"浮淫之语" / 052

四、儒家的盛世之说"失实离本" / 059

第 3 章　批判天人感应论与谶纬符命之说 / 067

一、"天地，含气之自然也" / 067

二、"谴告之言，衰乱之语也" / 074

三、帝王并非真命天子 / 091

第 4 章　揭露鬼怪神仙、方术禁忌的虚妄 / 107

　　一、"人死无知，不能为鬼" / 107

　　二、"学仙术者，其必不成" / 118

　　三、批判形形色色的禁忌与方术 / 125

第 5 章　中国古代无神论的一座丰碑 / 141

　　一、王充思想对东汉以来社会思潮的影响 / 141

　　二、"一代英伟"？"千古罪人"？/ 146

　　三、现代学术研究对王充的历史定位 / 150

附录

　　年谱 / 153

　　主要著作 / 154

　　参考书目 / 154

第1章

王充的人生之旅

王充（27~约97），字仲任，东汉会稽上虞（今浙江上虞区）人，享年七十余岁。他就读太学，师事班彪，博通百家之言。曾任县、郡、州长官的属吏。后归隐乡居，以教书治学为业。著有《讥俗节义》《政务》《养性》《论衡》等。

王充是中国古代屈指可数的思想伟人之一。在汉代，对天神、地祇、圣人、经书、鬼怪、谶纬的崇拜弥漫整个社会。王充著《论衡》，旨在以持平之论纠正谬误。他批判形形色色的虚妄之说，锋芒触及汉代统治思想的哲学基础和重要内容。他破中立论，提出独树一帜的思想体系。在中国古代思想史上，《论衡》是不朽的篇章之一。

一、孜孜不倦的求学之路

教育条件和知识基础是影响一个人成长的重要因素。认识能力和思维方式是决定一个人能否成为思想家的重要条件。王充自幼勤奋好学。在家庭的影响、个人的努力、名师的教诲等各种重要因素的交互作用下，他的学识、旨趣和基本学术倾向初步形成。善于独立思考的王充终于将自己造就成一个思想的伟人。

出身于"细族孤门"

王充生于东汉光武帝建武三年（27）。他的出生地是会稽郡上虞区，而他的祖籍地是魏郡元城（今河北省大名县东北）。王充的祖先曾经先后以陈、田、孙、王为姓氏。

魏郡元城王氏是春秋时期陈完（田完）的后裔。陈厉公死后，国内出现君位之争。公子陈完为逃避内乱而来到齐国，被齐桓公委以工正之职，并改称田氏。田完六世孙田叔为齐大夫，因伐莒有功，齐景公赐姓孙氏，食邑乐安。后来田氏占夺齐国的最高统治权，史家称此后的齐国为"田齐"。至战国时，田齐称王。齐威王名震天下，雄视四方。秦灭六国，齐国覆灭。降秦称臣的齐王建活活饿死于边远的共邑。秦汉之际，楚霸王项羽封齐王建的孙子田安为济北王。汉朝建立，田安失国，齐地之人谓之"王家"，于是后裔为王氏。齐景公赐姓孙氏是这一家族辉煌的一页。这段往事世代相传，族人皆以曾经姓孙为荣耀。当时也流行一人两姓的风尚。因此，王充在《自纪》中称其先世"一姓孙"。

汉武帝时，王氏家族出了一位名人叫王贺。他是济北王田安的重孙。王贺，字翁孺，一度官居绣衣御史，免职后移居元城。他的子孙繁衍，成为元城大族。王充一家为王氏宗族的支庶，他的先辈数世从军有功。

王充的曾祖父王勇，因军功封会稽阳亭侯，于是举家南迁，定居阳亭（今浙江杭州市附近）。到任仅一年，王勇便失去封爵。他无力返乡，只得落籍会稽，以农桑为业。王勇任侠使气，好打抱不平，与当地豪族有矛盾。有一年旱灾严重，谷物歉收，王勇拦路伤人，结怨甚多。到王充祖父这一代，正值西汉末年，社会秩序混乱，为避躲仇家，举家迁居会稽山附近的钱塘县，以经商为业。王充的伯父王蒙、父亲王诵，性格骨鲠，行侠仗义，敢于同豪强势力相抗，因此同当地大族丁伯结下怨恨，被迫再次迁居，落户上虞。王充就在这里诞生。

王充的家庭以农桑为生，兼营商业，家境并不宽裕，属于素族寒门。父亲早逝，少年的王充与寡母相依为命，生活更为艰难。因此，王充自称出身于"细族孤门"。王充的家世对他的性格、思想和境遇有深刻的影响。王充的家庭成员世代承继不畏豪强、敢于同恶势力抗争的传统。这种祖传家风铸就了王充勇敢、刚毅、正直的品质和愤世嫉俗、不畏强暴的性格。他没有像祖辈那样明火执仗、舞棍弄棒，而是擎起辛辣、机智、深邃的如椽巨笔，把思想批判的锋芒直接指向社会上种种不合理的现象和谬论。

东汉时期，豪强地主为了维护门阀地位和特权，大肆宣扬"生有种类"，说什么"见其父母，察其子孙"。这种血统论深刻地影响着当时的社会舆论。出身低微的人受到轻视、排斥，他们之中如果出了卓越的人才，甚至被视为"妖气"作怪。王充出身素族，又无权势之亲可依傍，当时就有人嘲笑他的先辈毫无根基，无功绩、德行和名望可言。王充并没有因此妄自菲薄，自轻自贱，而是"居贫苦而志不倦"。他认为"鸟无世凤凰，兽无种麒麟，人无祖圣贤，物无常嘉珍"。也就是说，鸟类中没有世代相传的凤凰，野兽中没有传宗接代的麒麟，人群中没有祖祖辈辈的圣贤，万物中没有世代永恒的珍奇。王充指出：禹的父亲鲧因治水失败而被舜处死，却并不影响禹成为治水的英雄；舜的父亲瞽叟颛顼昏聩，却并不影响舜成为圣哲明君；孔子、墨子的祖先都是平凡愚昧的人，而他们都是著名的大学问家。尧的儿子丹朱和舜的儿子商均都是品行恶劣、才能低下的庸人。身长五尺的父亲可以生体高八尺的儿子，而孙子才六尺，这类例子不胜枚举。据此，王充公开宣称："马有千里，不一定是麒麟之驹；鸟有仁圣，不一定是凤凰之雏。"他发愤成才，要以事实戳穿血统论的谎言。

逛书摊逛出的大学者

王充求学之路的第一个特点是勤学苦读，博闻强记，逐步掌握了比较全面的知识体系。一则又一则立志高远、博览群书的故事，生动地反映了王充旺盛的求知欲望和不懈的求索精神。

王充最先接受的是家庭教育。童年时期，小伙伴们捉麻雀、逮知了、耍铜钱、攀树干，唯独王充不参与这些事情。在小伙伴们游戏的时候，王充也不喜欢打打闹闹。他诚实庄重，礼敬长辈，从来没有受过父母的训斥和邻里的责备。父亲见王充懂礼貌，有出息，对他寄予厚望。王充六岁时，父亲便开始教他识字。在文化教育相当落后的古代社会，王充有幸较早地接受启蒙教育，并树立起"巨人之志"。这对他的学业显然大有助益。

从八岁开始，父母送王充进书馆读书。书馆是汉代儿童的启蒙学校，专门教孩子们识字和书法。王充学习成绩优异，不仅字识得快，写得好，而且从不违反学校纪律。书馆中与王充一块儿念书的孩子一百多人，唯有他从来没有受过老师的责打。王充很快学完了书馆规定的学业，提前进入更高阶段的学习。

从书馆毕业后，王充拜师学习《论语》《尚书》等经典文献。他勤奋努力，每天能背诵一千多字。将经典背熟弄懂之后，王充开始独立钻研学问，广泛地浏览书籍。父亲去世后，王充恪守孝道，奉养母亲，史称"乡里称孝"。他的文章、操守备受好评，终于作为一方学子中的佼佼者，踏上了赴京城洛阳的求学之路。

求学离不开书籍。古往今来，没有一个著名学者不是靠着勤奋地在书海之中求索而步入成功之路的。而王充求学路上的第一个拦路虎就是家境贫穷，无钱买书。

王充生活在距今约两千年的古代社会。那时的书籍是以刀或笔，由人工逐字抄录在木简或缣帛之上的。一部书籍的成本很高，售价自然昂贵，普通人家是买不起的。王充显然无力购买大量的图书。

没有书怎么办？唯一的途径是借书、抄书、背书。借太学的馆藏，借师友的图书，还是不能满足王充的求知欲，于是他就想到了逛书摊这个好办法。那时的洛阳既是王朝的京师，又是游商云集的大都市。这里店铺林立，繁华热闹，其中自然有许多是经营书籍的。王充一有空闲便来到店铺集中的街市，见有出售书籍的就走上前去翻阅。他一边浏览阅读，一边默默背诵，把所见到的文章统统记在心里。于是王充熟读了诸子百家，阅览了古今文章，掌握了大量知识。那时一个书摊出售的图书或许只有几部书，甚至一部书。每部书又分成很多卷，每一卷又是重重的一大捆竹简。没有一股坚忍不拔的毅力，没有一种极其强烈的求知欲望，这种读书方法是断难持久的。

开始写作《论衡》之后，王充的阅读范围更加广泛。"所读文书，亦日博多"，不仅是思考与写作的实际需要，也是王充日常生活的重要内容。直到垂暮之年，王充依然笔耕不辍，读书自娱。他不仅"淫读古文，甘闻异言"，还对"世书俗说"作

"考实论虚"的功夫。读书与思考成为王充生活中的一大乐趣。

知识就是力量。正如王充所说：如果有了知识，即使是一块普通的石头也能放射异彩。如果没有知识，即使是黄金玉石也会毫无润色。王充懂得知识的力量，所以孜孜以求。他便是靠着持之以恒的披阅攻读，靠着坚持不懈的刻苦自修，靠异乎寻常的记忆能力，逐步成长为一位博览群书、通晓古今的百科全书式的大学者。只要浏览一下《论衡》一书，仅从其包罗万象的内容，就会感觉到王充的确无愧为一位"博通众流百家之言"的大学者。

王充指出："足不强则迹不远，锋不铦则割不深。"就是说，腿脚不强健，就无法远行千里；刀具不锋利，就无法游刃有余。通过博览群书，获得真才实学，是将自己造就成精通治道政务、写出不朽著作的杰出人物的必由之路。

国家最高学府的特异生

王充求学之路的第二个特点是曾经求学于京师，入读于太学，接受了最高层次的学校教育。大约在十七岁左右，王充告别家乡，来到东汉王朝的京师洛阳继续深造。他所就读的学校是东汉王朝的最高学府——太学。

在汉代，太学既是国家最高教育行政机构，又是国立最高学府。自古以来，中国就有在中央设立国学，专门培养政治人才的传统。西周春秋时期，天子和诸侯分别在王都和诸侯国都设国学。国学又分小学和大学。周天子的大学叫"辟雍"，诸侯的大学叫"泮宫"。汉武帝时，董仲舒建议："兴大学，置明师，以养天下之士。"这个建议被采纳。于是国家在京师设立太学以培养官僚的后备队伍。此后，太学的规模不断扩大，学员的人数也不断增加。到汉成帝时，刘向建议兴建辟雍。这个意见也被朝廷采纳。汉光武帝定都洛阳后，沿袭旧制，在京师设太学，在太学建辟雍。一时间，各地学子纷纷来太学就读，形成了"诸生横巷"的盛况。

太学以五经博士为教官。博士官职产生于先秦，其主要职责是担任政府的顾问，有的也招收学生。自汉武帝设五经博士，博士就成为太学里的教师。他们的主要任务是向太学生传授儒家经典，同时兼任政府顾问。博士代表经学研究的最高水平，能被选为博士是一种极大的荣誉。更何况"博士秩卑而职重"，不仅可以参加议政，还可以奉使出巡，这也颇为世人所看重。因此，汉代博士是受人仰慕的职位。博士的选拔颇为严格，西汉时是用征拜或荐举的方法，以社会名流充任。东汉则要通过考试，甚至还要出具所谓"保举状"。经过严格的挑选，在汉代太学执教的博士大多学识水平较高，其中不乏一代儒宗和著名学者。

在东汉，太学的学员称"诸生"或"太学生"。太学生的来源主要有两个：一是由太常直接挑选十八岁以上、品德优秀、仪貌端正者入太学。二是由地方定期保送、推荐学生入太学学习。入学者享受免除本人徭役赋税的优待。在太学中，学习科目主要是"五经"等儒家经典。学生以自学为主，博士定期讲经、辅导。每年考试一次，成绩合格者即被任用为官。总的来说，汉代太学生没有严格的身份等级限制。这就为那些出身寒微的下层知识分子提供了"学而优则仕"的机会。

在东汉的太学里，聚集了不少来自下层的优秀人才，王充就是其中的代表人物。一个庶民子弟能进入全国最高学府就学，这个事实本身就足以证明，青少年时代的王充品学兼优。太学制度对王充的人生产生了重大的影响。可以设想，如果没有太学制度提供的深造机会和学习环境，王充极有可能终生困居江南水乡一隅，很难成为一个行万里路、读万卷书、成一家之言的大思想家。

依据史书记载，永平二年（59）三月，汉明帝曾亲临太学辟雍，初行大射礼。礼毕，汉明帝正襟危坐，亲讲经义，解答诸生的提问。当时冠带缙绅、文武百官环绕四周观听者数以万计。王充亲眼见到这个场面，并写了一篇《大儒记》记叙这一盛况。

洛阳是全国的政治、经济、文化中心，也是各种思想学说传播、交汇和斗争的中心。太学又是代表当时最高水准的教育机构和学术园地。王充在这里游学可能长达十余年，这对他开阔视野、提升学识是十分有利的。王充对古人、圣人、名人、伟人之言都能以求实精神、理性精神、批判精神加以甄别，主张胸怀百家之言，也可以溯源至他对太学中的迷信"师法""家法"的教条主义的不满。

当时的太学教育存在许多弊端。经学传授有一定的师承关系，即所谓"师法""家法"。遵守师法是儒生的一项基本学术原则。统治者还制定条令规定太学师生必须严守师法。奉行师法者优先被选拔任用，违背师法者受到排斥，甚至仕途断绝。许多学生恪守师说，不敢越雷池一步。这种学习方式被王充斥为"鹦鹉能言之类"。解经者大多支离、烦琐。学经者也大多死记硬背。有人解释《尧典》篇名就用了十多万字，解释开头的"曰若稽古"又用了三万字。由于日夜埋头于烦琐的经传章句中，有的太学生竟"死于烛下"。王充的许多思想恰恰发端于对教育与学术弊端的反思。

师从著名学者班彪

王充求学之路的第三个特点是曾经聆听名师教诲，受到高人点拨，很早就触及当时学术与思想的前沿课题。王充的业师班彪是一位著名学者。太学中也不乏饱学之士。师友之间的切磋，使王充获益匪浅。

班彪（3～54），字叔皮，东汉扶风安陵（今陕西咸阳东北）人。作为学者与导师，班彪具备很高的综合素质，主要体现有四：其一，班彪是一位经学大师，精通儒家经典。他出身于世代显贵之家，颇有家学渊源，为两汉之际的名儒，堪称当时教师中的佼佼者。其二，班彪是一位历史学家，具有实证精神。因见司马迁的《史记》只写到汉武帝太初年间，班彪立志补足《史记》的西汉部分。经过精心收集和梳理史料，写出了《史记后传》六十五篇（一说一百篇以上）。今《汉书》中的《元帝纪》《成帝纪》即其原作。《汉书》中的"司马掾班彪曰"也出自他的手笔。《汉书》就是在《史记》和《史记后传》的基础上，由班固继承父志，奉诏续成，并经班昭、马续补作而最终完成的。其三，班彪是一位政论家，具有直面现实的政治家的素质。他为官清廉，品格高尚，不汲汲于仕途，政治头脑十分清醒。在王莽篡汉之时，他被人们视为"行不逾方，言不失正"的人。班彪还曾经劝说占据河西的窦融归附汉朝，颇受汉光武帝的赏识。他还著有《王命论》，论汉高祖之所以得天下的缘由。其四，班彪是一位文学家，著有《览海赋》《北征赋》《冀州赋》《悼离骚》等。当时的经学家大多缺乏史学家的实证精神和政论家的求实态度，而班彪兼具经学家、史学家、政治家、文学家的素质，其品行、学问、才识皆非寻常学究可比。

班彪是著名历史学家班固、著名政治家班超和著名女文学家班昭的父亲，其家学、家风之好，由此可见一斑。显而易见，师从班彪的经历对王充形成博采兼容的治学态度和实事求是的思维方式有重要的影响。由于同班彪的这一层关系，王充与班固也多有交往。王充十九岁那年在老师家见到了年方十三岁的班固。他发现班固聪敏过人，对老师说："您的这个儿子必将名闻天下。他将来肯定能协助您实现补足《史记》的夙愿。"

班固（32~92），字孟坚。他自幼聪慧，九岁能作文诵诗，十六岁入太学就读。班固精通儒家经典，兼通诸子百家之言，他多才多艺，学无常师，不守章句，在学风上与王充颇相类似。班固颇具文学素养，他的《两都赋》名重一时。班固最为擅长的当属史学。受父亲影响，他从小就酷爱阅读历史故事。班彪死后，班固决心继承父志。居丧在家时，他着手整理父亲的《史记后传》，并开始撰写《汉书》。后因有人告发他私改国史，一度被捕下狱。他的弟弟班超上疏皇帝，讲明事情原委，并将书稿送至京师。汉明帝阅后，很赏识班固的才学，赦免了他。获释后，班固任职于皇家图书馆，奉旨编修《汉书》。《汉书》是我国第一部体例完整、内容丰富的断代史，在史书体例上多有独创之处。《汉书》的传志载录了大量学术、政论文章，兼有一代名篇总集的性质。汉和帝永元四年（92），外戚窦宪因擅权被杀，班固遭人陷害受到牵连，死于狱中。

王充很可能是《汉书》最早的读者之一。他多次称赞班固著《汉书》，惩恶扬善，秉笔直书，不徇私情。在《论衡·别通》中，王充写道："孝明之时，读《苏武传》，见武名曰'栘中监'，以问百官，百官莫知。"孝明，即汉明帝。可见在《汉书》定稿之前，王充就读过其中的一些篇章。

王充师事班彪，交友班固，有幸从师友之处读到丰富的史料、文献和书稿。但是，王充并不盲从老师。在太学求学的后期，王充开始独立地进行学术研究。他逐渐冲破了儒学的束缚，在思想上、学术上形成自己的体系。

不守章句与学无常师

王充求学之路的第四个特点可以概括为：不守章句与学无常师。这在当时是一种难能可贵的治学方法和探索精神。王充之所以能够成为具有批判精神的思想家主要得益于此。

什么叫"不守章句"？这对王充思想的形成有什么意义？要回答这个问题，必须先介绍一下章句之学的特征。章句之学指儒家各派对经书采取不同的分段以及不同的解释而形成的一种学问。在汉代，儒术独尊，经学是官学。中国传统文化中，儒家是最崇奉经典的一派。太学中的五经博士就以传授"五经"为职责。汉元帝好儒术，他规定能通一经者免除本人徭役赋税，且有资格做官。于是经学成了人们的逐利之途，日渐兴旺发达。统治者定儒术为一尊的目的是要统一思想、统一法度，经典也就成为政治权力的重要组成部分。当时的人们以《春秋》决狱量刑，以《禹贡》指导治河，以《诗经》充当谏章。制度和政策有了经典依据就名正言顺，政治行为符合经义就有了根据。一种学说一旦成为权威，特别是政治权威，自然就会提出解释权的问题。于是乎儒家经学分化为派别，师法、家法日渐森严。学术分歧演化成学派之争、利害之争、政见之争。每一派别只承认自己的正确性和合理性，把自家学说视为儒家正统和真理的代表，具有强烈的排他性。于是绝大多数学生只读"五经"，甚至只读自己学派所尊奉的经书版本。他们严守师说，只信奉老师传授的经义解读。由此而形成的学风特点是专修一部经典，不闻百家之言，恪守自家师法，沉迷训诂章句。这就叫"守章句"。

王充不守章句，这在当时颇有反潮流的精神。这种态度表现在治学方法上就是强调"博通"二字。王充对"坐守信师法，不颇博览"的学风深恶痛绝。他把以专读"五经"为业，"不览古今，论事不实"的儒生比作"陆沉""盲瞽"。他又把徒有博学虚名而不能应用的所谓"通人"比作"藏书家"和"能言鹦鹉"。王充主张走出书屋，放眼"天下之事，世间之物"，不能只知在圣贤书中做学问。他不仅是这样说的，也是这样做的。王充自己就是一位百科全书式的学者，而《论衡》也是一部包容了天文学、气象学、地理学、生物学、医学等各方面知识的著作。这些知识大都是儒家经典中所不曾记载的，还有不少是王充亲自观察实测的结果。

王充主张学无常师，吐纳百家学说。他自称"淫读古文，甘闻异言"，即广泛地阅读古代文献，不拘泥于一家一派的见解。他认为，读书人只有走出儒家经典的圈子，吸纳诸子百家的学说，才能使自己的学识如同大海一样博大，而不至于像小小的污水坑一样，几天不下雨就枯竭了。王充主张充分借鉴前人的知识和思想，以丰富自己的头脑，特别要注意那些与一般常识和世俗言论不尽一致，甚至截然相反的思想言论。他十分推崇"怀先王之道，含百家之言"的通才，主张"通人胸中，怀百家之言"，无论"圣人之言，贤者之语，上自黄帝，下至秦汉，治国肥家之术，刺世讥俗之言"，都要统统纳入视野。王充深深懂得，唯有博览群书，才能融会贯通，唯有融会贯通才能真正做知识的主人。他认真研究诸子百家的学说，并加以扬弃，终成一家之言。

孤陋寡闻或囿于成说是求知道路上的两大禁忌，而博与通则是古今中外一切大思想家所共同走过的成功之路。正如王充一则生动的比喻：恰如只开一扇门，阳光无法照到幽暗的角落，把门窗全部打开，便可室内通明。又似大海之所以称为大海，是因为它容纳了数以百计的江河溪流。医生懂得医治百病的药方才能成为良医。全面地掌握知识方能才高智大，赢得人们的尊重。

不盲从任何学术权威

王充求学之路的第五个特点是独立思考，慎思明辨，不盲从任何权威。正是不唯书、不唯师、不唯上的精神，将他推向了一个学术与思想的新境界。

自古以来，儒生文人大多迷信经典，盲从权威，恪守师说。东汉的儒家弟子深受这种学风的毒害。他们错误地认为圣贤的著作、鸿儒的阐释和业师的讲解，绝对不会有错误的地方。于是，见到有些书籍的内容与经书、师说不一致，就认为不足凭信。他们只晓得熟读、背诵现成的东西，从不提出疑问、反驳。凡是与经典、师说背道而驰的话，他们一句也不敢讲。许多儒家弟子甚至像奴婢一样侍奉自己的师傅。这类儒生已经成了学术思想的传声筒，他们夸夸其谈，不切实际。王充对于这种奴隶主义思想深恶痛绝，批评严守师法之徒的孤陋寡闻和抱残守缺。在王充看来，依师法、家法培养出来的读书人，只知道迷信本本，照搬师说，既不知圣贤之非，也不懂古今之事。那些太学中的先生，虽有博士、文学之类的头衔，但实际上所扮演的只是邮差、门卫之类的角色，仅仅传递本本而已，根本谈不上什么学术创造性。

王充主张独立思考。他指出：许多书籍的著作者和文献的解读者，喜欢故作惊人之论，刻意标新立异，图谋以惊世骇俗之举，显示自己与众不同。其实，掩盖很深的事实尚可揭露真相，隐晦深奥的道理尚可判明是非，只要用心思考，不难发现书本上的许多错误。例如，古书上有"丁公凿井得一人"的记载。许多学者解释为"丁公凿井，从地下挖出一个大活人"。王充指出，只要稍微动动脑子就能发现这是一个天大的笑话。人是人生的，不是土生的，挖土凿井，怎么会挖出活人？事实是这样的：春秋时宋国有一个姓丁的老人，自家无井的时候，每天派一个人到远处去挑水，计算起来需花费一个劳动力。自家凿井以后，不必派人外出打水，每天节约了一个劳动力。古代文字简略，记为"丁公凿井得一人"。一些人以讹传讹，便闹出笑话来。

王充主张学生要敢于"拒师"，即质问、批驳老师的观点。他认为只有学生反复追问，才能促使老师列举更多的事例，把道理讲深讲透。他甚至认为，学习知识，追求真理，不在于是否有才智，关键是要善于独立思考，大胆地提出问题，解决问题。在他看来，太学之中设立五经博士来教授弟子，目的就是希望通过师生之间互相问难，教学相长。就像用簸箕扬米的时候，一上一下地翻动是为了去除糠皮；用磨石磨刀的时候，来回用力刮磨是为了使刀刃锋利；讨论学问的时候，师生互相提问是为了弄清道理。王充不仅主张提问，而且主张"极问"，学生要打破砂锅问到底，直到把道理完全搞懂为止。他反反复复地强调，光是勤学苦读，博览群书是不够的，如果只是把书本知识背得滚瓜烂熟，不能透彻理解，融会贯通，就无法成为真正的人才。凡拘泥一家之言，囿于一孔之见，不能有所质疑、有所取舍、有所综合、有所创新的，都算不上是理想的贤者。

在学习中，王充从不机械地复述教条，而是面对纷然杂陈的各种主张见解，独立思考，去伪存真，实事求是。他的学说继承百家而又超越百家，"少臆中之说""无世俗之论"，在当时和后世都显得超脱、清新。由于王充的思想体系很难按照通常使用的"道家""儒家""墨家""法家"之类的学派划分标准归类，所以人们称他是"乍出乍入，或儒或墨"的杂家。

王充的成才之路具有普遍意义。勤奋才能博学，博学才能多闻，多闻才能慎思，慎思才能明辨，明辨才能兼容，兼容才能独创。任何一种名副其实的学术研究都必须对前人的成果有所补充、有所批评、有所超越。任何一种有重要价值的思想体系都必须具有明显的创新性，而具有批判精神的独立思考是知识创新和思想创新的必由之路。从继承前人起步，走向修正谬误，升华真理，从而超越前人，创造新知，这才是求学成才的最高境界。

立志做直面现实、治国救世的鸿儒

王充求学之路的第六个特点是立志做直面现实、治国救世的鸿儒。在他看来，仅有广博的知识是不够的，学习的目的在于应用。他做了一个形象的比喻：能够精准射中靶心的弓是良弓，而不能射中靶子的弓，即使做得再精美也徒有虚名而毫无价值。

王充不仅主张学习对于治国救民有用的真才实学，而且主张书本知识必须到实践中去检验、运用和发展。王充的这种学习态度同他的人才观有很大的关系。在《论衡·超奇篇》中，王充依据学力才识把并非"俗人"的读书人分为四个层次。

第一个层次是"儒生"。"能说一经者为儒生"。王充赞赏孔子直到临死之前仍在读书的学习精神。他认为，人之所以为人，贵在求知。不学无术之人"腹为饭坑，肠为酒囊"，他们还不如盲人、聋子，与木偶、泥塑相差无几。在王充看来，儒生"好学勤力，且死不休"，掌握一种经典，这是值得肯定的。但是，他们读死书，死读书，只知道背诵经书，复述师说，就像鹦鹉学舌一样。一些儒生知识面很窄，就连儒家经典中最起码的常识也不能通晓。这是不足取的。

第二个层次是"通人"。"博览古今者为通人"。这种人通读万卷书，畅晓千篇文，胸中怀百家之言，懂得如何划分章节段落，擅长讲解文章之义，可以"以教授为人师"。但是，他们只会讲解经书文章，不能加以发挥，更不能提出独立的见解，充其量是教授一些文字知识的教书匠。

第三个层次是"文人"。"采掇传书以上书奏记者为文人"。这种人能够灵活地抽取书籍中有用的资料，善于发挥经书的意旨。他们知识比较渊博，可以在政府中做起草文件的官员。文人饱读诗书，会写文章，却不善于将知识运用到实践中去。因此，当国家面临危亡的紧急关头，他们束手无策，无法担当大任。

第四个层次是"鸿儒"。"能精思著文连结篇章者为鸿儒"。这种人能够融会贯通，立论创意，"发胸中之思，论世俗之事"，写出有独到见解的著作，提出有真知灼见的政论，是了不起的思想家。在王充看来，"儒生过俗人，通人胜儒生，文人逾通人，鸿儒超文人"。鸿儒是"超而又超"的"世之金玉"。

王充认为，"好学勤力，博闻强识，世间多有；著书表文，论说古今，万不耐一"。儒生、通人，世间多有；文人则一万个人中未必有一个；而通古今之变的鸿儒的数量极少，人才难得，更为珍贵。四种标准的人才，由低而高是一种递进的过程。要做最高层次的人才，仅在现成的书本中兜圈圈是远远不够的。

王充盛赞关照现实、寻求治道的先秦诸子。他认为，这些思想家面对政治现实，探究治国之道，阐释雄韬大略，提出独到见解。他们不是帝王将相，无法实践自己的主张，而他们的著作表明，这些人都是不可多得的政治人才。因此，孔子的《春秋》堪称"素王之业"，诸子的著作堪称"素相之业"。

在王充的心目中，刘向、扬雄、桓谭堪称近世鸿儒，他们犹如周文王、周武王、周公并出一时。扬雄作《太玄》，思虑深远，见解独到，很能启发人们思考。桓谭作《新论》，议论时事，辨明是非，对盛行的"虚妄之言，伪饰之辞"均加批驳。这两位学者"笔能著文，则心能谋论，文由胸中出，心以文为表，观见其文，奇伟倜傥"。他们都有自己的见解，绝不照本宣科地重复讲述人家的东西。王充钦佩这些直抒自己胸怀的思想家，故称之为"人之杰"。

王充的知识观、人才观决定了他的求知特点。在他看来，全面的知识应该包括间接经验和直接经验。他主张"事有证验，以效实然"，真正的知识要经得起实践的检验，在实际运用中取得验证和实效。儒生之所以迂腐是由于他们埋没在经典和章句之中，信师好古，脱离实际，结果既不知今，也不知古，知识贫乏，并无真才实学。王充对待书本和知识的这种态度，即使在今天看来也是难能可贵的。他之所以能够成为一个兼容百家的大学者，成为一个面对现实的思想家，正是得益于此。

二、崎岖坎坷的仕宦之路

在漫长的人生之旅中，王充历经坎坷曲折，饱受世态炎凉。其中，宦海沉浮对王充的思想有重要的影响。对社会现实中种种不平的思考，使王充更为深刻地认识了自然、社会和人生，也体味到盛世之中的悲凉。没有这种经历，王充是无法成为名传千古的思想伟人的。

胸怀济世之志

中国古代有志气、有理想、有作为的士人的人生追求可以概括为"立德、立功、立言"。据《太平御览》记载，司马迁有一句名言："君子所贵乎道者三：太上立德，其次立功，其次立言。"这种思想发端于先秦，即《左传·襄公二十四年》的"太上有立德，其次有立功，其次有立言"。人们普遍认为，唯有圣贤能够立德、立功、立言，人虽死而名不朽。换言之，唯有立德、立功、立言方堪称圣贤，令后人崇拜景仰。圣人"立德"，常人难以企及。于是，立功而遂行当代，立言而见志后学，成为士人所普遍追求的目标。其中，绝大多数人将建立丰功伟业，实现政治抱负，置于人生追求的核心位置。

在古代士人的心目中，最高的人生理想是这样一种模式：首先，要怀抱经纶大志，崇尚礼义节操，通过孜孜求学，掌握一套切实的济世安邦本领。然后，经由朝廷的征辟、选拔步入仕途，在参与政治的过程中博得君主的赏识和重用，凭借君臣际遇，由属吏、谋士晋升为辅弼大臣。名分上是君主的臣属，心理上是帝王的师友，于是竭忠尽智，平定天下，济世安民，功见于当世，名传于千载。最后，功高不居，急流勇退，隐居林泉，保全名节，倘能著书立说，供后人瞻仰，那就十全十美了。商代的伊尹、春秋的管仲、汉代的张良等，都是士人心中的楷模。唯有仕途坎坷，功业不立，壮志难酬，一些有抱负的士人才不得不退而求其次，以著书立说的方法，阐释自己的政治主张，展示个人的政治才能，并试图以此影响后世的政治。王充认为，这类人的特点是：胸有大略，却"身不得行"，于是用著作表达心志，以证明自己如果得到机遇，必定能够成就功业。孔子的"素王之业"和诸子的"素相之业"，都是典型事例。

在君主制度下，想成就一番事业便要做官。学而优则仕，士人求学的主要目的之一是做官，做官又几乎是他们改善生活境遇，实现人生价值的唯一出路。唯有受到统治者的赏识和任用，才有可能建功立业，流芳千古。不过，有人做官只是为了功名利禄、富贵荣华，有人则是要为国家、民族、百姓做些实事。王充属于有理想、有抱负、有知识、有才干的那一类。

王充在他的著述文章中曾一再表达了参与政治、建功立业的心愿，流露出期待君王显贵赏识重用以便作出一番事业的急切心情。他钦佩那些在乱世凭着智慧建功立业的人和那些在治世凭着才干有所作为的人。他既推崇张良、陈平等务实能干的政治家，又赞赏司马迁、扬雄等成一家之言的思想家。他特别佩服春秋时期的管仲、晏婴，战国时期的商鞅、韩非，汉初的陆贾，把这些既有政治建树，又留下著述的人列为人才中的上品。由此可见，既当官做事，又著书立说，在政治上济世安民，在学术上独树一帜，这就是王充的人生理想。

可惜"仕数不遇"

王充在东汉王朝的最高学府苦读多年，增长了才学识见，取得了一定的资格，具备了实现理想的基本条件。在汉代，有一条重要的仕途名叫"辟举"。辟举指按照一定的科目征用所需人才。当时中央各部门的长官和地方各级政府的长官，包括县令、县丞、县尉，均可依据一定的条件和资格，从士人中选任属僚。学生十七岁以上有资格参加考试，凡识字九千个以上，或通一经以上者，便具备了做低级官吏的资格。太学生本身就是一种资格，其中博士弟子成绩优异者可以直接做中级官吏。大约在三十多岁时，学业有成的王充从洛阳返回故乡。他一度以教书为生，不久便步入仕途。

王充是由州郡辟除而步入仕途的。依据汉代官制，各级地方行政长官有权根据需要自行署置属僚，这种办法称为"州郡辟除"。这类属僚，通称"掾史"。在当时，主官与属僚地位悬殊，可与君臣、主仆关系相比。东汉时贵族、宦官、豪强垄断政权，像王充这样出身低微的人大多只能由辟除入仕。由于史料缺略，王充初次步入仕途的时间及其担任各种职务的时限很难确说。一些学者认为，在返回故乡之前，甚至到洛阳求学之前，王充就可能曾经出仕。大体说来，王充一生仕途可说是三起三落。

大约从汉平帝永平四年（61）至汉章帝建初三年（78），王充曾先后担任上虞区掾功曹（协助县令掌管人事的属官）、会稽郡都尉府掾功曹（协助郡的军事长官掌管人事的属官）和郡列掾五官功曹行事（郡的行政长官太守的属官）。按照汉代惯例，郡县曹掾多由本郡人充任，这类官员手握一定权力。从王充逐级晋升来看，他干练、得力，是具有一定政治才能的官吏。

步入仕途，职务升迁，激发了王充的满腔热情，他很想施展自己的政治抱负。汉章帝即位初年，水旱连年，阴雨不调，中州一带百姓流离失所，逃亡四方，路有饿殍冻骨。汉章帝为了安抚民心，稳定政局，屡下诏旨，命令各地官员节俭用度，赈灾救困。当时，王充任会稽郡太守府五官功曹。他针对年景不好，百姓贫困，官府豪家奢靡无度的时弊，向太守连续上书。王充的第一本奏记，题目叫"备乏"，主旨是建议郡县禁止奢侈浪费，节约经费开支，以防备物资困乏。这个建议没有被采纳。接着他又写了第二本奏记，题目叫"禁酒"。会稽一带盛产大米，贵族豪强用大量的粮食酿酒。他们酗酒狂饮，寻欢作乐，醉酒之后滋事生非，扰乱社会治安。王充指出：旱灾之年，百姓疾苦，酿酒会大量消耗粮食，不利于赈灾济困。沉湎于饮酒作乐，容易影响社会安定。为此，他主张限制或禁止饮酒。这个意见又没有被采纳。王充的正确主张不仅没被采纳，反而招来长官的排斥和世俗的讥议。他几度谏诤，毫无成效，终因与长官政见不合，毅然辞职挂冠而去。这时，王充大约五十一二岁。

从汉章帝元和三年（86）至章和二年（88），王充再度出山。他应扬州刺史董勤征辟，携家赴扬州任职。他先后在丹阳郡（今安徽宣城）、九江郡（今安徽寿县，一说凤阳南部）、庐江郡（今安徽庐江）做郡守的属官。不久担任扬州治中从事。治中从事是州刺史的助手，权力较大，专门负责检举不法，弹劾污吏。这是王充担任过的最高职务。从他自称"材小任大"来看，对这次任职王充还是比较满意的。可惜好景不长，扬州部建制撤销，王充只得重返故乡。

第三次无所谓起也无所谓落，实际上只是一次机遇。王充的挚友、同乡谢夷吾身居高位，曾任郡太守、州刺史。他深知王充的人品才学，得知他闲居在家，便上疏汉章帝，极力推荐。在奏章中，谢夷吾是这样评价他的朋友的：王充是一位天才，即使前代的孟轲、荀况，近世的司马迁、刘向、扬雄也比不上他。据实而言，王充在思想史、学术史上的成就，的确可以同孟子、荀子、司马迁、扬雄等相媲美。汉章帝见到这封上疏，十分重视，立即下旨，命令公车署派员到会稽征召王充。征召在汉代是一种最为荣耀的出仕途径。当时，对德高望重、才华卓异的人才，由皇帝派专人重礼聘任。公车署是负责办理征召事务的衙门。对于这类人才，国家通常"以安车蒲轮征乘"。安车蒲轮是一种装饰豪华的车子，车轮用蒲草包裹。这种车走起来相当平稳。"安车征乘"的礼遇，相当现代社会用高级豪华轿车迎送贵宾。被征召的人来到国都后，皇帝通常要亲自召见。皇帝以师友贵宾的礼遇接待他们，往往委以重任，或赐予名誉、爵位。王充学问渊博，精通吏治，身堪大任，完全有资格享受这种殊荣。可惜这时的他已发白齿落，年老体衰，无力远行了。王充眼看着这样的机遇从自己的身边滑过，只好自叹：做高官显宦施展雄心壮志的机会从此再也不会有了。无可奈何，人毕竟没有回天之力呀！一个卓越的人才就这样被那个时代埋没了。

为官清廉正直

仕宦的经历证明，王充不仅是一位思想家，还是一位实干家。他不是那种"坐谈立议无人能及，临机应变百无一能"的文人墨客，其政治才能非寻常"儒生""通人""文士"可比。更令人钦敬的是：王充品德高尚，他不以博学而自矜，不因权重而骄横，不为利禄而折腰。因此，从政之时的王充是典型的廉能之吏。

王充为人清高自重，廉洁正直。他认为，一个人如果具备像美玉和珍珠一样的质地，就不怕被世人当成瓦砾。士人贵在品德和节操，坚持道义而不见风使舵，不违背自己的主张，不趋炎附势、追逐禄位。只要可以做些实事，也不必计较官位的大小、爵位的高低。如果一个人不辨是非曲直，那么即使地位尊显也是可耻的。王充认为，一个人应当尽力以修养操行作为立身之本，而羞于靠炫耀才能来沽名钓誉。正是基于这样的人生信条，王充在做官的时候从不炫耀才华，卖弄聪明，陷害别人，以博取禄位。他勇于任事，敢于负责，喜欢荐举那些出身低微的读书人。

王充性格恬淡，不贪富贵。他认为，一个人应当做到在地位卑贱与地位尊贵的时候品德操行如一。在他的心目中，虞舜和孔子都是值得人们仿效的典型。在历山躬耕陇亩的时候，舜甘心一辈子以务农为生，不以为耻；而登上帝位之时，又觉得这是理所当然的，不以为荣。孔子从政，既不因官小位卑而怨恨不已，也不因官大位尊而得意忘形。因此，他在担任掌管畜牧、粮仓的小吏时，干得兢兢业业；而在担任掌管国家大事的司空之后，也没有兴高采烈。正是基于这样的人生态度，王充不以加官晋级而踌躇满志；不因罢官失位而灰心丧气；更不因受到重用，掌握一定的权力就骄横放纵而忘乎所以。王充不仅从来不为个人私利去拜谒长官，而且"得官不欣，失位不恨"。能够做到这一点，确实难能可贵。

王充以道德自律，淡泊名利，又忧国忧民，敢于担当，因此撰写了许多抨击现实、非议时政的文章。其中《政务》《讥俗》二书都属于这一类的著作。王充是一位勤于政务的官吏。在担任扬州刺史属吏期间，他主要负责检举污吏、弹劾贪官。由于忠于职守，公务繁忙，不得不一度中断《论衡》的写作。王充还敢于为民请命，曾因谏诤长官、政见不合而辞去会稽郡太守府五官功曹之职。

参与政治管理、历经宦海沉浮的王充是统治阶级中的一员，对当时官场的黑暗和腐朽有着切身的体会。他痛恨那些无才无德，操行恶劣的官僚。他对这些人进行了毫不留情的揭露和鞭挞。他指出：这些人不学无术，不懂政治，好为奸诈，贪图禄位，不干实事。他们舞文弄法，损公徇私，竭力追求个人的权力和利益。审理案件则收受贿赂，治理百姓则巧取豪夺，处在重要职务就滥用权柄，得到上级宠幸就陷害别人，对长官千方百计地阿谀奉承，从不坚持真理，仗义执言。一旦在位，头戴华丽的帽子，身佩锋利的宝剑，耀武扬威，不可一世。做官仅一年半载，便兼并大量的田宅、财物。这样的人反而受到青睐和提拔，而那些明辨是非、公正廉明的人却受到压抑。王充一生都期待着皇帝能选拔重用有才能的人，却不愿违心地追逐名利。他揭露"长吏妒贤，不能容善"，慨叹自己空有一身本领却无处施展，甚至悲愤地说：像我这样的人，能够免于坐牢受刑就算够幸运了，哪里还敢奢望得到高升！

高洁之士、清廉之官大多甘于淡泊清静，所谓"贫无一亩庇身，志佚于王公；贱无斗石之秩，意若食万锺"。辞官回乡的王充一直过着清贫的隐居生活，以教书为生，以写作自娱。到了晚年，他"鲜所恃赖，贫无供养，志不娱快"。一个曾经担任过重要职务的官吏却一贫如洗，这表明王充的确是一位正直廉洁的人。在那个时代，这样的官吏寥若晨星，这样的官吏也必然不为官场所容。所以王充建功立业的雄心壮志注定是难以实现的。

隐居乡间的王充已经是年过花甲的老人，他意识到仕宦之路已然隔绝，政治抱负无法实现，于是把更多的精力投入到教书育人和著书立说上。去世后，门人把他葬在会稽县城西南十五里的乌石山。

三、发奋而作的著述之路

一个有抱负、有才干的人即使在逆境之中，也能在历史长河中找到自己的位置，为社会作出卓越的贡献。西汉著名史学家司马迁蒙受冤狱，忍辱负重，却留下一部堪称史家之离骚的史学巨著《史记》。清朝著名文学家曹雪芹，早年家遭巨变，中年清贫困苦，晚境潦倒凄凉，却留下了一部文学巨著《红楼梦》。这类发愤著书、名留青史的事例不胜枚举。王充发奋而作，倾毕生心血，完成思想巨著《论衡》也是这方面的一个例证。

潜心著述以"垂书示后"

王充并没有被身份上的低贱、政治上的失意和生活上的困厄压倒。他笑傲王侯，轻蔑俗流，为了追求真理，澄清是非，醒悟世人，将主要精力和大部分时间投入于著书立说之中。

早在游学京师的时期，王充就开始了早期的著述，直到病逝前，数十年间笔耕不辍。特别是辞去会稽郡五官功曹从事之后的一段时期，王充把全部精力集中于写作。他的大部分著述是在这时完成的。当时，他谢绝一切婚丧庆吊等世俗应酬，专心致志，潜思精构，全力著述。他在家里所有可以摆放文具的地方都放置了笔墨，就连门框、窗台和墙上安置灯具的地方也准备了刀笔、竹简。一旦产生了思想火花，他就随手记录下来，待到积累多了，思考成熟了，便连缀成章。

王充一生著述颇丰，主要著作有四部，即《讥俗节义》《政务》《养性》和《论衡》。由于年代久远，前三书已佚失，只有《论衡》的大部分篇章流传至今。

《讥俗节义》十二篇是讽刺世态之作，写于王充辞官之后。当王充从县功曹逐级晋升，身居太守属吏，参与人事管理的时候，众人以为他从此平步青云，飞黄腾达，于是纷纷聚集在他的身边，巴结他，恭维他。一时间，王充的家门庭若市，车水马龙。可是，在他离职之后，趋炎附势的亲朋故旧立即纷纷离他而去。且不说门可罗雀，有人竟至恶言相讥，落井下石。一热一凉，强烈的反差，使王充深深地感受到世态炎凉。他对这种势利小人愤恨不已，对这种庸俗的社会风气痛心疾首，于是用通俗的文字写了这部《讥俗节义》，对当时世风俗陋，人情冷暖，作了深刻的揭露和讥讽。

《政务》是一部论述治民之道的著作，志在为当权者贡献治国方略，著作年代与《讥俗节义》大体相近。宦海沉浮，使王充亲眼目睹了吏治腐败等政治弊端。他看到，朝廷虽三令五申表示要改善政治，安定民生，却政策失当不见成效。他看到，尸位素餐的官僚百无一能，拿不出切实可行的治民方略。许多人贪赃枉法，鱼肉百姓，导致政治腐败、民生疾苦。他看到，大灾连年，民众流离失所，可是"贵族近亲，奢纵无度，嫁聚送终，尤为僭侈"。社会潜伏着严重的危机，官僚们却视而不见、充耳不闻。王充有心报国，无力补天，几度建议、几度谏诤，反落个冷眼相待，罢官辞职。他忧心如焚、愁思苦想，愤恨之余提笔写了《政务》这部政治著作。在这部书中，他批评统治者"徒欲治人，不得其道"，并以浅近直率的文字阐述了民情风俗、地方政要和治民方略。他热切期望各级官吏勤于政务，深明治道，树立教化，保全百姓，把本职工作做好。王充在职时写的《备乏》《禁酒》等政策建议也都收入了这部书中。

《养性》十六篇是一本关于养生保健的书，为王充晚年所作。王充六十五岁左右时，年老力衰、发白齿落，同辈朋友相继谢世。王充自知不久于人世，以旷达的心怀对待生死。他深信人的生命是有一定期限的。人同禽兽鱼虫一样有生必有死，既无法青春永驻，也无法返老还童。人死之后埋入地下，终将化为土灰。但是，如果注重身体保健，仍可延缓衰老的速度，达到益寿延年的目的。他的养身之法有勤练气功、节制饮食、饮酒适度、活动肢体和服用药物等。他把这套养生保健之术归纳在一起，一一加以说明，写成了《养性》这本书。

王充最重要的著作是《论衡》，也是写作时间最长的一部。《论衡》中最早的几篇起草于永平初年，时年王充三十多岁。

大部分篇章是他五十岁至六十岁期间完成的。最晚的一篇是《自纪》，从这篇文章末尾的语气看，是王充去世前的绝笔。《论衡》全书完成于王充的晚年。自从谢绝汉章帝的征召后，王充自感韶华流逝，"既晚无还"，唯一使他放心不下的是自己的学说能否在身后得到传播，为后人所理解。因此，他觉得实有"垂书示后"的必要。他一方面与疾病作顽强的斗争，一方面对《论衡》修改定稿，编定目次，撰写序言。最后又写了《自纪》，对自己生平和著述作了总结。这就是说，《论衡》全书前后耗时三十余年，几乎倾注了王充的毕生精力，凝结着他理论思考的巨大成果。正是这部书树起了一座思想的丰碑，使王充在中国古代思想发展史上留下了自己的印记。

著书立说的宗旨在于"疾虚妄"

王充写作《论衡》的宗旨是：去伪存真，疾虚立实。用王充自己的话说就是："《诗》三百，一言以蔽之，曰：思无邪。《论衡》篇以十数，亦一言也，曰：疾虚妄。"

两汉，特别在王充所生活的东汉，是一个圣人崇拜流行、神鬼信仰充斥、各种迷信泛滥的时代。儒家鼻祖孔子的地位越抬越高，不仅孔子的子孙受封为侯，孔子本人也被奉为儒教的教主和神化的圣人。"五经"等儒家经典被捧为神圣不可侵犯的教条，军国大事、断狱量刑乃至民间琐事，都须依照经文裁断。作为正统思想的今文经学禁锢着人们的思想。天人感应论、灾异谴告说以及谶纬符命之谈笼罩着朝野上下，严重污染社会风气。建立在神鬼观念之上的各种世俗迷信像毒雾一样弥漫四方。道家玄谈、神仙方术、谶纬之学渐趋合流，制造出一大批束缚人们身心、麻醉民众意志的精神鸦片。历史上的许多先王、君主被说成是功德无量、先知先觉的圣贤，有的甚至被说成是神的化身或神的后裔。形形色色荒诞离奇的故事充斥于皇帝诏旨、朝廷政令、群臣奏章、儒师经说、学者著作之中。造神和信神，作伪和传伪，成为那个时代的社会特征之一。统治者树立、崇拜和迷信各式各样的神鬼圣物权威的做法使整个社会沉湎在愚昧、荒唐和虚伪之中，严重窒息了社会的生机和活力。这就是王充所说的"虚妄"。

王充反复强调，写作《论衡》不是为了炫耀文采、哗众取宠，而是有感于社会上"众书并失实"，伪书俗文泛滥，造成假与真、恶与善、丑与美混淆不清。他指出：那些做教师的常常宣扬奸诈虚伪的学说。那些做高官的大多爱读虚妄不实之书。为数众多的士人、儒生喜欢谈论离奇古怪的事情，夸大事实，虚美妄誉。一些人甚至编造或子虚乌有，或空洞无物，或毫无根据的文字，以显示才学、哗众取宠、欺世盗名。世俗之人不能醒悟并且以讹传讹。面对这种现实，王充痛心疾首、忧心如焚。于是决心著书立论以考定真伪、辨别实虚、伸张正义、荡涤虚妄。《论衡》这个书名就是为了标明"铨（衡量）轻重之言，立真伪之平（标准）"的宗旨。衡，度量衡之衡，即秤、天平。论衡，即依据实事求是的原则，衡平古今之论，辨别虚实真伪。正是在这个写作宗旨的指导下，思想批判成为《论衡》的显著特色。

王充是从理论上全面系统地清算汉代流行的各种虚妄之论的第一人。在他之前，一些清醒的思想家，如扬雄、郑兴、尹敏、桓谭等，都站出来批判谶纬之学、神仙之说，而王充是这个潮流中最杰出的代表人物之一。他把圣人之言、经典文献、传统说教、世俗成见以及诸子百家都摆出来，以求实的态度加以审视，看看他们的言论是否经得起事实的检验，是否合乎常识道理和思维逻辑，凡是虚妄的东西一律破除之。《论衡》的批判锋芒波及范围极广，涉及六家（儒、道、名、法、墨、阴阳）四部（经、史、子、集），其中有"五经"及《论语》《孟子》《荀子》等儒家文献，有《老子》《韩非子》《吕氏春秋》等先秦诸子的著作，有《楚辞》《战国策》《淮南子》《韩诗外传》《史记》《春秋繁露》《说苑》《列士传》《列女传》《白虎通义》等各种著作，还有众多的纬书、图谶。这样一来，《论衡》一书就把思想批判的矛头指向了当时官方学说和主流文化的各个重要层面。

王充主张著书立说要符合实际、论点鲜明、见解独到。他力求写作能有益于"富国丰民，强主弱敌"。对于是非颠倒的东西要"剖破混沌，解决乱丝"，不应取舍不定、两说并传。他认为，唯有揭露矛盾才能寻找真理。"两刃相割，利钝乃知；二论相订，是非乃见"。就是说，两把刀剑相互砍削，才能知道哪一把更锋利；两种观点相互交锋，才能分辨孰是孰非。因此，他把天神、地祇、鬼妖、圣贤、先王、时君、经典、师说等统统纳入认识的范围，把当时被奉为神物和权威的东西重新加以审断。

传世本《论衡》共三十卷，八十五篇，其中《招致》仅存篇目。《论衡》原书可能不止八十五篇，书中还提到《绝佞》《时旱》《祸湛》《能圣》《实圣》等篇名。从内容上看，现存《论衡》篇章的排列顺序略有错乱，显露出可能有佚篇或后人改动的痕迹。但是，全书大体保存了王充生前亲手编定的本来面目。

下面将用三章的篇幅，结合这些篇章中记叙的历史典故、奇闻逸事，较为详细地介绍王充机智的论辩、精彩的分析和卓越的思想。

第2章

剥掉儒家宗师与经典的神圣外衣

汉武帝"罢黜百家，独尊儒术"，于是儒家经典成为国家法定的根据，儒家经学成为最为盛行的学问，儒家的先师孔子也就被尊为圣人。泛滥于汉代的种种虚妄之言都极力从孔子和儒经那里寻找依据。经过附会改造后的孔孟圣贤、儒家经典成了各种迷信的总根源。以董仲舒为代表的今文经学的天人感应论及由天人感应论而衍生的谶纬之学都与孔子崇拜和"五经"崇拜有直接的关系。扫除迷信的阴霾，首先要剥掉圣人、经典的神圣外衣。王充正是这样做的。

一、孔子是人不是神

在汉代思想文化领域，最大的虚妄莫过于神圣化的孔子崇拜。其他的虚妄大多与此密切相关。孔子究竟是不是神？这个原本应当不成问题的问题，转化成思想文化领域的一个焦点问题。

在王充的心目中，孔子是最值得效仿的圣贤。但是，他依然问难孔子，对形形色色的神化孔子的虚妄之说一一予以揭露，进而明确指出：孔子是人不是神。

从学术宗师到神圣偶像

孔子，名丘，字仲尼。春秋时期鲁国人，中国古代著名的思想家、教育家。他出身贵族世家，曾做过鲁国的中都宰、小司空和司寇。孔子广招门徒，开创私人讲学风气。他编定《诗》《书》等中华元典，还依据鲁国史官所记的《春秋》写成我国第一部编年体的史书。

后世称孔子之学为"儒学"，称以孔子为宗师的学派为"儒家"。在先秦，儒家虽号称"显学"，却只是"百家争鸣"的一家。儒家传人为了张扬自己的学说一再夸饰：孔子是亘古未有的大圣人，他出类拔萃，承载王者之道，仪范百世之君，堪称圣人中的圣人。这种说法显然出自一种先入为主、自以为是的偏见。于是原本只是学术宗师的孔子开始向圣贤偶像转化。

秦朝重视法治，汉初推崇黄老，儒家没有取得特殊地位。但是时过不久，情况就发生了很大变化。一位有作为的皇帝与一位著名的思想家一拍即合，把儒家捧上独尊的地位，为这个学派带来了两千余年的好运气。这位皇帝就是汉武帝，这位思想家就是董仲舒。董仲舒提出：百家殊方，人有异论，不利于巩固统治，国家应有一种统一的思想，这就是儒学。汉武帝基本采纳了董仲舒的建议，他明令宣布：从今以后，唯有儒学是国家所尊崇的。儒家从此占据了官方学说的地位。

统治者"推明孔氏，抑黜百家"，孔子也就成为最受崇拜的人，就连孔子的子孙也跟着沾了光。汉元帝封孔子后裔为关内侯，食邑八百户，奉祀孔子，号"褒成君"。从此孔子后裔开始有封爵。汉平帝追谥孔子为"褒成宣尼公"，从此孔子开始有谥号。汉平帝加封孔子后裔为列侯，食邑二千户。王莽和汉光武帝封孔子后裔为"褒成侯"，让他们世袭贵族称号。

皇帝们尊孔崇儒，从而为神化孔子提供了政治环境。为了使自己的学说得到张扬，为了使自己的主张获得信奉，汉儒以孔子为中心展开了一场造神运动。他们大肆往孔子脸上贴金，声称孔子是神是圣。愈演愈烈的尊孔活动将孔子从圣人推向神坛。

汉儒神化孔子的方略之一是编造孔子诞生的神话。他们声称孔子系神人交合而生，是神的后代。纬书中就有大量这样的记载。《春秋纬演孔图》的说法是：有一天，孔子的母亲徵在到大泽边游玩，玩得疲倦了就在泽边歇息。朦胧之中，她与黑帝梦交。黑帝对她说，你将来会在空桑之中生下一个孩子。徵在因此而怀孕，生孔子于空桑之中。《论语撰考谶》的说法是：孔子父母到尼丘山祈祷，祈祷中其母征在感黑龙之精，于是生了孔子。简言之，孔子"感生"，乃黑帝（龙）之子，故号为"玄圣"。

汉儒神化孔子的方略之二是编造孔子为神的证据。他们声称孔子不是寻常之人，他的相貌生来与众不同。孔子的头似尼丘山，四周高，中间低，故取名曰孔丘。孔子海口、牛唇、虎掌、龟脊，胸前有文曰"制作定，世符运"。孔子长大后更是超然若神：身长十尺，腰九围，坐如蹲龙，立似牵牛，仪表气象非凡。孔子可以通过音乐知晓自己的身世……简言之，孔子身为龙子，受命来到人间，理应为天子统治天下，因此有与众不同的奇异之表、特殊之相。

汉儒神化孔子的方略之三是编造孔子"制法"的神话。他们声称孔子降生人世，肩负着救世制法的神圣使命。春秋之时，王道衰微，天下大乱。上帝为了拯救世道和百姓，特意降生了孔子。孔子是个大圣人，本来应该代替周王成为天子。可惜他生不逢时，只好屈尊做个"素王"。"素王"即理应为王却未做成王的人。孔子虽做不成天子，却不会白白来世间走一遭。他见自己的政治主张无法实现，就把思想全部注入"经典"之中。他未卜先知，智慧超人，预先知道汉朝必将继承周朝的王业，就写了《春秋》这本书为汉朝创制立法。《春秋》微言大义是孔子对未来数千年历史的预言。因此，孔子的话不容怀疑和违背。儒家经典是天地和人间的大法。谁批评孔子和儒经，谁就是"非圣坏法"。

神化儒家宗师就可以神化儒家经典，神化儒家经典也就可以神化儒家学说。神化了孔子，神化了经典，也就神化了汉儒的各种说法。于是，五花八门的神奇说法都打着孔子的旗号出笼了。

孔子神话都是虚妄之言

汉儒宣扬孔子"神而先知"，就是说，他可以像神仙一样"不学自知，不问自晓"，"前知千岁，后知万世"。为了证明这一点，汉儒编造了许多神乎其神的故事。

有一则孔子神话可以称之为"吹律定姓"。据说，孔子是私生子，母亲有意隐瞒真情，因此他起先不知道父亲是谁。这难不住孔子，他吹起一种叫"律管"的竹制乐器，便知道自己是宋国大夫子氏的后裔。孔子不必请教任何人就可知道自己的身世，这不正是圣人能前知一千年的证据吗？

还有一则孔子神话也流传甚广。据说，孔子临死前留下了几条预言，事后证明准确无误。其中一条说："不知何一男子，自谓秦始皇，上我之堂，踞我之床，颠倒我衣裳，至沙丘而亡。"后来，自称"始皇帝"的秦王嬴政果然来到鲁国故地，到孔子故居瞻仰了一番，在返回京城的路上，因暴疾而亡于沙丘。又一条是："董仲舒乱我书。"乱是整理发挥的意思。后来，果然有个叫董仲舒的人写了一本阐发孔子思想的《春秋繁露》，成为有功于孔学的大儒。汉儒认为，这也足以证明圣人能预先知道子孙后代发生的事情。

王充指出，这几则神话都是汉儒编造的虚妄之言。既然孔子最初连他的祖宗是谁都不知道，那怎么能说孔子"生而知之""神而空见"呢？既然说孔子能"后知万世"，那么孔子怎么又会说秦始皇是不知哪里来的一个男子呢？这些说法自相矛盾，经不起推敲，显然是胡乱编造的。据历史记载，秦始皇并没有登孔子之堂，踞孔子之床。所谓"董仲舒乱我书"，只能是后人捏造出来的。他们的目的无非是神化孔子，吹捧董仲舒，借以提高儒学的地位。

为了证明孔子具有超乎寻常的能力，汉儒还编造了这样一个故事。有一天，孔子与弟子颜渊一同登上泰山。孔子向东南方向瞭望，看见吴国国都（今江苏省苏州市）的城门外拴着一匹白马。他问颜渊："你能看见吴国国都的城门吗？"颜渊回答："看见了。"孔子又问："城门外有何物？"颜渊回答说："好像有一块白色的绸子挂在那里。"孔子告诉颜渊："那不是白色的绸子，而是一匹白马。"下山后，颜渊发白齿落，不久就病死了。汉儒认为，这是因为颜渊的神力远逊于孔子。为了回答孔子的问题，颜渊不得不极目远望，由于耗尽精神，故英年早逝。

王充指出：《论语》中并没有这样的记载，是汉儒为神化孔子而杜撰的。人的视力所及不过十里。泰山距离吴国千里之遥，孔子怎么可能从泰山顶上看见吴国城门外的白马？无论视力、听力，正常人的感觉器官都差不多，颜渊看不到的，孔子也不可能看到。汉儒鼓吹圣人的耳目有超人的"达视之明"，能"知人所不知之状"，这纯属无稽之谈。

汉儒宣称：孔子不仅生前有超人的能力，死后也受到上天的眷顾。孔子葬在泗水边，"泗水为之却流"，这是因为"孔子之德"感动上天，天神保佑，不使泗水冲刷孔子之墓。表明孔子的后裔应当封侯，这是天意。

王充针锋相对地指出：如果上天眷顾孔子就应当在孔子在世时保佑他。然而事实恰恰相反。孔子生前处处受到排挤，郁郁不得志，故而感叹说："凤凰不到来，黄河不出图，我这一辈子算完了。"他生前没有得到上天的保佑，难道死后反而会得到吗？如果说泗水却流是上天要封孔子后裔的预兆，那么为什么孔子活着的时候，道德高尚、顺应天意，天不封他本人反而要封他的后裔呢？实际上，江河中总有迂回之处，有时会改变河道，使人觉得就像河水却流，这算不上什么神奇的事。

在今天看来，汉儒编造的孔子神话既荒唐，又可笑，无异于梦呓酒语，根本不值得一驳。然而在当时大多数人的心目中，这类说法是极其神圣、不容置疑的。许多博学鸿儒以庄重的态度讲述这类神话，成千上万的儒生也对此深信不疑。面对荒诞不经的思想文化大潮，只有极少数善于独立思考的思想家敢于提出质疑，王充就是其中的一员。面对"说圣太隆"的种种虚妄，他冒着被加上"非议圣人"罪名的风险，依据事实和常识一一戳穿有关孔子的神话。这种反潮流的精神是难能可贵的。

孔子的言行多有自相矛盾之处

在汉儒看来，孔子的话字字句句是真理，不能怀疑、不能违背，只能奉为金科玉律，否则就是离经叛道。对此王充不以为然，他对记述孔子言行的《论语》进行认真的研究，从事实中寻求答案。他发现，孔子甚至连完人都称不上，他的学说存在着许多自相矛盾的地方。

王充指出：儒生大多"好信师而是古"，对孔子之言、经典之文从没有想去问个究竟。实际上，就连圣贤颇费心思写出的文章也不一定都能符合实际，更何况一些仓促之间的言论？因此，圣贤的言论多有上下相互矛盾处，文章前后也有不一致的地方。

王充质疑孔子遭到非难。他不仅没有退缩，反而提出质问：如果孔子的学说自相矛盾、令人费解，有人提出疑问和责难，这对正义和真理又有什么损害？如果确有发现真理、传播真知的才干，批驳、否定孔子又有什么不对？

孔子有一句名言："不义而富且贵，于我如浮云。"有一次，旅途中的孔子唇焦口燥，可是听说路边的泉水名叫"盗泉"，就连一滴水都不肯沾唇。他担心喝了"盗泉"之水会有损自己的清白。"志士不饮盗泉之水"就出自这个典故。

王充指出：其实孔子并不是言行一致的人。晋国的佛肸发动叛乱，占领中牟城。赵简子发兵攻打，把叛军团团围困。佛肸据城顽抗，并派人招聘孔子助战。孔子很想应聘却遭到子路的反对。子路质问老师："您一再教导我们：正人君子绝不与做坏事的人打交道。佛肸叛变国家，您却打算去帮助他，这不是自相矛盾吗？"孔子答道："我的确是这样教育你们的。然而洁白的东西怎么染也不会黑。何况我又不是个挂在架上的葫芦，而是个需要吃饭的人。我总得做事谋生呀!"孔子不饮盗泉之水，却愿意同叛逆混在一起，盗泉只是其名不雅而已，佛肸却是实实在在的坏蛋。孔子口口声声说不贪图富贵，却又要到坏人那里去谋一官半职。这不是自己打自己的嘴巴吗? 即使退一步讲，为了推行自己的政治主张允许随机应变，可孔子明明白白是说自己应聘只是为了找个职位混碗饭吃。这种话多么浅薄卑鄙! 实际上，孔子巴结不义之人，一心升官发财的事不止一桩二桩。由此可见，他表面上冠冕堂皇，实际上贪图名利，说话出尔反尔，做事缺乏一定之规。从人情事理看，想做官的人主要是为了权势和俸禄，而一些人却美其名曰为了伸张正义。这就像人们娶妻纳妾主要是为了生儿育女，满足生理需要，却偏偏说成是为了供养父母。儒者宣扬"仲尼宗师"是道德无比高尚的人，夸大孔子到处找官做的行为的正义性。这种说法反倒违背了孔子的真情实意。

王充还列举事实证明孔子的主张也多有毫无道理、自相矛盾之处。有一次，子贡请教治国之道。孔子说:"使粮食充足，使军备充足，使老百姓信任。做好这三件事，就可以把国家治理好。"子贡问:"如果万不得已，必须从中去掉一项，在三者中先去掉哪一项?"孔子说:"去掉军备。"子贡又问:"如果必须再去掉一项呢?"孔子答道:"去掉食物这一项。自古以来人没有不死的。饿死事小，没有百姓的信任国家就站不住脚。"王充对此提出质疑:缺乏食物，民众饥寒交迫便会背弃礼义，又怎么谈得上信任呢? 古人说:"粮仓充实，人民懂得礼让;衣食丰足，人民知道荣辱。"蒙受战乱的国家，人民饥不择食，甚至被迫互相交换儿女充饥，把死人骨头劈开来烧火煮饭。父子亲情是最亲近的，而饥饿的父母尚且以子女为食，孔子主张去食而存信怎么行得通呢？去信存食，百姓吃饱肚子自然会信任统治者；去食存信，百姓性命不保怎么可能拥戴统治者？有一次，冉子问治国之道，孔子主张"先富而后教"，即让百姓先富裕起来，然后用礼法教化他们。这里所说的"富"是丰衣足食的意思，同"食"是同一含义。孔子一会儿主张去食存信，一会儿又主张先富后教，他的政治主张到底是什么？

在《论衡》的许多篇章中，王充对孔子的智慧、道德和贡献有很高的评价。他只是反对违背事实地吹捧先贤，更反对编造神话来美化孔子。他力图把孔子还原为一个有七情六欲、是非功过的历史人物，主张对孔子的思想采取批判地继承的态度。在孔子崇拜甚嚣尘上的时代，这种态度的价值是不言而喻的。

从"实知"到"知实"

汉儒神化孔子的主要依据之一是圣人"生而知之"，他们一生下来就道德完美并掌握了真理，不仅可以"不学自知，不问自晓"，而且能够"前知千岁，后知万世"。这种说法是典型的唯心主义先验论。

人的知识是先天就有的，还是后天才有的？圣人是"生而知之"，还是"学而后知"？这个问题涉及哲学的根本问题。在《论衡》的诸多篇章中，王充批驳汉儒的观点，彻底剥去了披在圣人身上的神秘外衣。其中《实知》和《知实》的理论贡献最大。"实知"是说人们只有接触实际事物才能获得知识；"知实"是说人们的认识正确与否还要用"实效"来检验。王充用"实知"和"知实"来概括他的认识论是很精辟的。从"实知"到"知实"的基本思路，将中国古代的唯物主义认识论提高到一新的水平。

王充从人们的常识出发，指出圣人不可能无所不知、无所不能。试想：如果让一个立在墙东面的人发出声音，让站在墙西面的圣人听，他能知道这个人的黑白、高矮、籍贯、姓名和家世吗？试想：如果水沟里有漂浮的死尸，沼泽里有腐朽的枯骨，死人的颅骨毁坏了，肉体也腐烂了，叫圣人来查看，他能知道死者是农民还是商人，是老人还是小孩，以及因何而死吗？显然，这是任何圣人都办不到的。

王充运用历史事实，批驳圣人能"不学自知"的说法。他从《论语》《孟子》等文献的记载中选取许多具体事例，证明"圣人不能先知"。王充指出：孔子不仅时常向他人虚心请教，而且常常作出错误的判断。例如，有一次，负责做饭的颜渊看见一些灰尘落进锅里。他觉得扔掉了太可惜，于是就把带灰的饭挑拣出来放到自己嘴里吃了。孔子远远看见，竟以为颜渊正在偷偷吃饭。亲眼所见之事尚且不能作出正确判断，又怎么能说孔子先知先觉呢？又如，阳货是鲁国季孙氏的家臣，他想结交孔子。孔子厌恶专擅权力、违背礼法的阳货，所以拒而不见。阳货不死心，派人给孔子送去一头蒸熟的小猪。按照礼法，接受别人的馈赠就应登门道谢。这就给孔子出了一道难题。为了既符合礼义，又回避阳货，孔子便趁阳货外出时去道谢。谁知在返回的路上与阳货不期而遇。孔子刻意躲避阳货可谓费尽心机，却没有达到目的。由此可见，孔子并无先见之明。又如，在周游列国的旅途中，孔子多次派弟子向路人打听道路。如果孔子真能无所不知就应该无须打听。孔子还曾在匡地被人围困，弄得断粮缺食、狼狈不堪。如果孔子真能预见未来就应该能避开灾祸。连亲眼所见的事情，孔子都不能作出正确判断，又怎么能说圣人"不学自知，不问自晓"呢？连涉及自身安危的事情，孔子都无法预见，又怎么能说圣人"前知千岁，后知万世"呢？

王充指出：人的认识来源于人的感觉器官对于外界事物的接触，只有通过感觉器官，才能从"实"到"知"，判定外界的真实情形。"巢居者先知风，穴处者先知雨"就是这个道理。王充强调自身实际经验对认识的作用。例如，齐地（今山东一带）的妇女世世代代学刺绣，所以就连普通妇女也有这个本领。襄邑（今河南睢县）有织锦的习俗，所以就连笨拙的妇女也大多成为织锦的巧手。这是因为她们天天看、天天练，熟能生巧。如果不亲自实践获得真知，即使绝顶聪明的人在面对极其简单的事情时，也会由于不懂得相关知识，不熟悉处理方法而显得笨拙可笑。王充不仅强调要在亲自实践中取得各种经验，还强调要"博览古今"注意接受别人的实践经验。见闻广、知识多，才能比类相通、举一反三，论事推理才能符合实际情况。

王充指出："圣者不神，神者不圣。"大量事实表明，先圣们"耳目闻见与人无别"。因此，把圣人描绘成"与妖同气"的巫师反而是对圣人的厚诬。

"贤圣者，道德智能之号"

汉儒神化孔子的主要方式是夸大圣贤与常人、圣人与贤人的差别，将圣人说成是天生奇异、骨相非凡、全知全能的神。他们夸大孔子的认识能力，称颂孔子"神而先知"，把孔子推向了神坛。

王充对这种"褒称过实"的庸俗作风深恶痛绝。为了破除这类虚妄，他在肯定圣人、贤人、常人的素质差别的同时，证明圣人、贤人、常人没有本质上的差别。王充指出："所谓圣者，须学以圣。以圣人学，知其非神。"就是说，圣贤也是人，也会犯错误。他们只是身体素质、文化水平和道德水准更优秀而已。"事可知者，圣贤所共知也；不可知者，圣人亦不能知也。"也就是说，凡是人类可以认识的事物，无论圣与贤都可以认知；凡是人类无法认识的事物，即使圣人也无法认知。圣与贤是区别才能大小的称呼，他们的区别主要体现在认知事物的快慢、掌握知识的多寡和创新能力的大小有所不同。那些创造发明对后世贡献很大的人可以列为圣人。简言之，圣贤只是一种"道德智能之号"。

王充认为，"圣可学为"。最杰出的人才就是圣人。圣人不是天生的，任何人要获得知识都必须靠感官与外界接触。圣人之所以比一般人高明一些，是由于他们接受教育比常人早一些，理解能力比常人强一些，学习进度比常人快一些，掌握知识比常人多一些，因此作出的贡献也比常人大一些。圣，是通过学习与实践获得的。任何人通过勤奋学习、努力思考和不断实践都有可能成为圣人。不学则不圣，所以圣人是人不是神。

那么为什么圣贤能预见未来呢？王充认为这并不神秘，不过是根据征兆观察迹象，发现端倪推求事理的结果。人皆有先见之明，圣贤只是比常人眼光更敏锐而已。春秋之时，卿大夫之间常常根据对方言谈举止的异常现象事先判明吉凶祸福，预见尚未发生的事情。他们并不是圣人，也没有神怪的智慧，只是善于类比推理罢了。圣人知识渊博，又善于思考，他们常常可以依据征兆端倪预见未来。许多预测讲得并不那么确切，有的则属于偶然言中。实际上，人们都可以依照同类现象推测祸福，根据以往的经验推断未来。例如，鲁国的一个女子倚着柱子长啸悲叹。别人问她为什么如此忧伤，她答道："鲁穆公年老体衰，太子尚且年幼，我担心鲁国的危亡。"结果不幸而言中。由父老子弱的征兆预见政治将有大的变化，这是一个普通女人都能做到的，何况圣人君子呢！

王充指出：天地之间，凡是有血有肉的动物，都不可能有生而知之的本性。任何预见都必须有现实依据，然后加以思维判断进行逻辑推理。所谓圣贤先知，其奥秘在于他们善于观察、思考身边发生的事情，有敏锐的洞察力。一般人则粗心大意，不动脑筋，反而以为圣贤是神，有未卜先知的能力。

王充肯定人的认识由感性上升为理性的重要性。他指出：有学问有见识的人虽然博览古今、遍阅诸子百家，也不一定明白事体。只有像圣贤那样善于分类、对比和推理才能站得高看得远。如果只是根据所闻所见的表面现象来辨别是非，不善于去伪存真，就会受虚假现象的蒙蔽。理性的推理、判断必须以事实为依据，又必须经过事实的验证，这叫作"事有证验，以效实然"。

王充从知识只能来源于经验、认识必须在实践中检验的角度，否定了"生而知之"的先验论和圣贤观。圣人与贤人、圣贤与常人并无本质差异的思想具有重要的理论意义。表面上看，把孔子从神还原为人不过是对一个人的评价问题。实际上，这在当时具有清除儒学中宗教成分的积极意义。"实"与"虚"是对立的。王充痛恨弄虚作假。他提出的"实知"到"知实"的认识论命题，为从哲学的高度剖析天人感应论等形形色色的虚妄之论，奠定了坚实的理论基础。

二、儒家经典并非"万世不易"的真理

在两汉，与孔子崇拜相辅相成的儒家经典崇拜也是思想文

化领域最大的虚妄之一。汉儒宣称"五经"为孔子所编定，还编造了许多有关"五经"的神话。于是神化宗师仲尼与神化儒家经典构成互动互推的关系。汉儒散布的各种谬论往往以"五经"为权威性的经典依据。因此，以"五经"崇拜为中心的儒家经典崇拜也是许多虚妄之说的根源之一。

对形形色色的神化经典、经学的虚妄之说，王充一一予以揭露。他明确指出：儒家经典并非"万世不易"的真理。

"经典""经学""传书"与"经传之学"

"经"，本义为编织物的经纬之经。在先秦，"经"可以用来指称一本书的主旨、提纲、要点。《墨子》有"经"与"说"，《管子》有"经"与"解"，《韩非子》有"经"与"传"。"说""解""传"都是解释或发挥"经"义的。圣贤所作之书亦称为"经"。荀子称《礼》为"礼经"。《庄子·天运》有孔子治《诗》《书》《礼》《乐》《易》《春秋》"六经"之说。汉武帝尊儒术的主要措施之一就是设立《诗》《书》《礼》《易》《春秋》五经博士。

在汉代，"五经"是最重要的儒家经典。《论语》《孝经》亦可与"五经"同列，并称为"七经"。"经典"，即圣人之作、典诰之书等重要典籍。"经"字有"常""道""理""义""法"等义项。"典"字有"经""常""礼""法""则"等义项。在儒家看来，经典皆为圣人制作，经典所言为人道常行乃至"大经大法"。于是"圣""经""法"联结在一起，信仰、价值、规范也因而交织在一起。《孝经·五行章》称"非圣人者无法"为"大乱之道"。"离经叛道"是最严重的罪行。

"经学"，即传授、解释、阐发儒家经典的学问。经学的主要形式是为经典作传注解释。经典的注释通常称之为"传"。治学者既要背诵、理解经典的原文，又要学习、通晓某种权威性的"传书""经传"。因此，可以称之为"经传之学"。

经传之学始于先秦，原本属于民间诸子之学，到汉代演化成钦定的官方之学。例如，春秋公羊学是研习《公羊传》的专门之学，而《公羊传》则是阐释《春秋》的一种传注。据说这种学问发端于孔子高足子夏的门人公羊高。其后父子授业，师徒传承，逐步形成一种经学流派。在汉代，公羊学派大师辈出，颇受皇帝的青睐，因而最为兴盛、最有影响。汉景帝的博士胡母生、被誉为"儒者宗"的董仲舒和东汉著名学者何休是这个学派的著名代表人物。又如，春秋穀梁学是研习《穀梁传》的专门之学，而《穀梁传》是阐释《春秋》的一种传注。据说这种学问发端于孔子高足子夏的门人穀梁子。其后父子授业，师徒传承，逐步形成一种经学流派。汉宣帝设立《穀梁春秋》博士，使之取得与公羊学派并列的地位。

汉代经学内部流派丛杂。由于所依经典的文本不同分为今文经学派与古文经学派。前者使用的经典文本来自师徒父子的口耳相传，用汉代通行的隶书写成；后者则来自前代保留下来的文本，用东方六国文字书写。由于术业专攻不同、师说家法不同，经学又分化出众多的派别。诸如今文经学有三家诗（申培的《鲁诗》、辕固生的《齐诗》、韩婴的《韩诗》），出于伏生的《尚书》（分为欧氏、大夏侯氏、小夏侯氏三家），出于高堂生的《礼》（分为戴德、戴圣、庆普三家），出于田何的《易》（分为施雠、孟喜、梁丘贺、京房四家），出于胡母生、董仲舒的《公羊春秋》（分为严彭祖、颜安乐两家）和江公所传的《穀梁春秋》等。在传授过程中，每一流派又分化出不同的支派。各家各派之间党同伐异、争论不休。最高统治者对各家各派的态度也有所变化。一般说来，今文经学长期占据统治地位，而古文经学的力量则逐步壮大，二者发展的总趋势是逐步走向融合。

儒家经典多有夸大不实之词

在汉代，儒家经典号称"万世不易"。很少有人对儒家经典的神圣性、至上性、正确性提出质疑。富有求实精神、敢于反潮流的王充则与众不同，他凭借丰富的学识、犀利的眼光和深刻的思辨，列举大量事实，揭露和批判儒家经典中歪曲历史、夸大不实之处。

在《儒增》《艺增》《语增》中，王充列举了三十多个具体事例，集中分析了《诗经》《尚书》《周易》《论语》中增益失实之处。他尖锐地指出：儒家著作的通病是言过其实，"十则言百，百则言千"，"闻一增以为十，见十益以为千"，致使原本简单的事实演化成众说纷纭的传言，原本易懂的常识变成了离奇古怪的谬说。王充认为，经书歪曲事实都有明显的政治目的。为了达到某种目的，甚至不惜虚夸失实。吹捧一个人便夸大他的优点，攻击一个人就渲染他的缺点。

儒家主张效法先王，所以极力美化先王的政绩和仁政的功效。《尚书》以"协和万国"称颂尧的道德崇高，能使上万个国家和睦相处；《诗经》以"子孙千亿"称颂周王的仁德无量，得到上天的保佑，子孙众多。

王充指出：经书上诸如此类的数字均属夸大虚美之辞。如果说尧善理政，天下太平，就连周边少数民族地区也是和平景象，这或许可信。说天下一万多个国家和睦相处，这怎么可能呢？如果说周王子孙繁衍，人丁兴旺，这是事实。可是无论如何也不可能数以千亿计。从周的始祖算起，把与周王室沾亲带故的人统统加在一起也不可能有千亿之众！

《论语》记载孔子之言："大哉，尧之为君也！巍巍乎，唯天为大，唯尧则之。荡荡乎民无能名焉。"在孔子看来，尧的功德广大，使得百姓们很难用语言来形容。为了证明尧的功德之大的确无以名状，注释这段经文的儒者又记述了一则故事：有一个五十岁的人在路边玩投掷木片的游戏。旁观者见此情景，感叹道："尧的功德真广大呀！"那个游戏者却说："我日出而作，日落而息，凿井饮水，耕田吃饭，尧出了什么力呢！"民众安居乐业，却觉得帝王无功可言、无德可论，他们竟然不知道这是帝王善于治国的结果。在儒家看来，这正是尧无为而治、成效显著、功德无量的明证。

王充指出：四海之大，万民之众，怎么可能没有人能说出尧的功绩。那个旁观者不就在称颂尧的功德广大吗？孔子及其传人采取这种夸张说法的目的是要美化尧的功绩。

儒经中说：尧、舜之时的百姓，人人道德高尚，个个堪称贤人，每家每户都有资格封官。

王充指出：这种夸张说法的目的也是要美化尧、舜。如果说尧舜时代的贤人很多或许是事实。但说人人都可以加封官爵，这纯属溢美之词。例如，那个五十岁还像儿童一样在路边玩耍的人，为人父而不知有君，压根不懂君臣之礼，这算什么贤人？这种人愚昧无知，在家不能教育子女，为官不能治理百姓，怎么能给他官做？有这样无知的人存在，就不能说人人都是贤人。由此可见，经书虚夸不实，自相矛盾。

儒家极力丑化他们心目中的暴君以反衬圣王的功德。据《尚书》记载，祖伊劝谏纣王说："现在我们的百姓没有一个不希望你灭亡的。"

王充指出：如果说许多百姓希望纣王灭亡，这是事实。但说没有一个人不希望他灭亡，这就过于夸大了。纣王虽作恶多端，而蒙受其恩情的臣民却不止一人。武王伐纣，遭到商朝军队的顽强抵抗，双方死伤众多。如果人人都希望纣王灭亡，又怎么会有这么多人肯替他殊死搏斗呢？

在《诗经》中，言过其实的情形更多。例如，《诗》云："鹤鸣九皋，声闻于天。"就是说，鹤在沼泽深处鸣叫，从天上都能听见。以此比喻君子修养德行，虽然身处穷乡僻壤，名声也能传达到朝廷。又如，《诗》云："维周黎民，靡有孑遗。"就是说，经过严重的灾害后，周朝的黎民百姓没有一个不遭受饥饿而忧愁痛苦的。

王充指出：天地相距数万里，鹤的鸣叫声不可能上达于天。况且天上没有人，谁能证明在天上能够听到鹤的鸣叫声呢？这种说法太夸张了。大灾之时，贫苦之人，家无积蓄，煎熬在胸，愁苦万分，而那些富贵人家，粮仓丰满，食物充足，不饥不渴，有什么可愁苦的？没有一个人不忍饥挨饿的说法也太夸张了。

王充进一步指出：儒家经典失实之处很多，绝不能仅仅依据经书来判定是非曲直。尽管他对经书的批驳大多停留在一些枝节问题上，也仅限于形式逻辑的推理，而在汉代，敢于对儒家经典提出质疑这件事本身就具有极大的思想解放作用。敢于把圣王、孔子、经典纳入认识范围，列为批判对象，其余的神话迷信就更不在话下了。

汉儒经传多为"谲诡之书"

在汉代，不仅儒家经典成为崇拜的对象，就连注释经典的经传也往往被视若神明。王充指出："传书之言，多失其实。"它们是一些经学家为了自我标榜、沽名钓誉而编造出来的"谲诡之书"。这类虚妄之言之所以广为流传，是人们错误地认为"圣贤所传，无不然之事"，于是放弃独立思考，"信而是之"。在《书虚》中，王充列举了十二个具体例子，揭露传书捏造历史，夸大事实，吹捧圣人，颂古非今。兹举两例于下。

在传书中有这样一段记述：有一天，季札出游，看见路上有块他人遗落的金子。一个砍柴人恰巧路过此地。季札简慢地命令砍柴人："把地上那块金子给我拿过来！"砍柴人怒目而视，说："你这个人地位很高，眼光却那么短浅。相貌堂堂，说话却那么粗野。我难道是为你拾取金子的人吗！"说完便拂袖而去。

季札是何许人？春秋时期，吴王寿梦有四个儿子：诸樊、余祭、夷昧、季札。其中以季札最贤。三个哥哥都愿意让季札继承王位，于是约定死后不传子而传弟。诸樊、余祭、夷昧相继为王。夷昧死后，其子僚自立为王，诸樊之子公子光不服，派专诸刺杀吴王僚。这就是"专诸刺王僚"的典故。僚死后，公子光要拥戴季札做吴王，季札不肯接受，于是公子光自立为王。

王充认为，传书所记显然与事实不符。季札恭良谦让，始终如一，他连王位都不肯接受，难道还会贪图别人遗失的金子？据史书记载，有一次，季札在出使途中经过徐国，徐国国君喜欢他的宝剑。考虑到使者必须佩带宝剑，否则不合礼仪，所以季札没有立即把宝剑赠给徐国国君，只是许诺从别的国家回来时再给他。季札再次来到徐国，那个国君已死。为了兑现诺言，季札亲自到墓地祭奠，把宝剑留在墓旁的树上。季札连死者都不想辜负，怎么会大声呵斥砍柴人呢？况且，季札地位高贵，出入必有众多随从。如果他耻于亲手拾取金子，可以吩咐随从去取。这是不难办到的事，又何必烦劳砍柴人？王充认为，季札是同情砍柴人，他想让砍柴人捡走地上的金子。世俗以讹传讹，致使谬误流传。

传书中还有这样一个说法：吴王夫差杀死伍子胥后，把他的尸体煮熟放入大口袋投入江水之中。伍子胥冤魂不散，搅动江水掀起波涛，以发泄心中的愤怒。

王充认为，这纯属无稽之谈。屈原遭人陷害，自投汨罗江而死，江水没有掀起波涛。申徒狄劝谏纣王未被采纳，抱石投河而死，河水也没掀起波涛。伍子胥先被煮熟，后被扔进江里。他的魂魄也没有在锅中发神威。难道他在热锅里胆怯，在江水中就勇敢了吗？冤有头，债有主。吴国已经灭亡，夫差的后代也已经没有了，伍子胥的鬼魂还怨恨什么呢？钱塘大潮年复一年没有休止。江河湖海泛起波涛是受河床地形和潮汐的影响。伍子胥活着时不能保全自己，死后被煮成肉汤，怎么能兴风作浪？

作为"春秋五霸"之首的齐桓公是一位颇有作为的政治家，而他的政治理念不符合儒家的"王道"。在经传中，儒家经师对齐桓公进行人身攻击，说他竟然娶了自己的姑侄姐妹共计七人。

王充认为，这是对齐桓公的诬蔑。齐桓公"九合诸侯，一匡天下"，是"千世一出之主"。能作出如此丰功伟业的人，不大可能是不知伦理之辈。齐襄公与其异母妹私通，《春秋》对此事有明确的记载。《春秋》表彰细小的美德，贬斥细微的恶行。如果齐桓公有乱伦的行为，《春秋》为什么没有记录他的奸情？如果说《春秋》有遗漏，那么《穀梁传》《公羊传》为什么避讳不言？汉儒编造出齐桓公的种种秽行，无非是旨在吹捧圣人，颂古非今。

王充把批判的锋芒直指当时占主流地位的经传之学，直陈其记述的失实，揭露其学理的悖谬，其中包含很多精彩的分析与合理的论断。

儒家政论不乏虚妄之言

用扭曲历史的方法为自己的政治主张寻求依据是儒者的通病。在汉代，这种学风尤为盛行。王充依据历史记载和社会常识，一一揭露儒家政论中的虚妄之言。他明确指出：在评价历史人物和历史事件的时候，不能随意增损事实，只有深入考察事情的原委，才能揭示历史的真相。

儒家张扬"王道"，贬斥"霸道"，他们树立了一批实行"王道"的样板和实行"霸道"的典型。"尧舜之君"与"桀纣之君"是儒家树立的两大类典型。前者有唐尧、虞舜、夏禹、商汤、周文王、周武王等；后者有夏桀、商纣王、周厉王、秦始皇等。为了使"王道"与"霸道"形成强烈的反差，儒家增饰、窜改、杜撰圣王事迹和暴君言行，为"尧舜之君"缝制华丽的圣衣，为"桀纣之君"披上污秽的罪服。他们之所以不惜夸大、扭曲乃至编造历史，无非是为儒家政治理论寻找历史依据。在《语增》等篇章中，王充通过分析一批事例，揭示了儒家政治思维方式的这个特征。

汉儒声称：圣王忧虑民生，勤于政务，辛苦劳累，所以身体瘦弱，尧像腊肉干，舜像腌鸟肉，而桀、纣则身体肥胖，肌肉润泽，腹部赘肉下垂一尺有余。

王充指出：这种说法不仅与常识相违背，也与经书的说法相矛盾。据经书记载，"上帝引逸"，就是说，帝舜是长久安逸的。孔子也称赞尧、舜善于治理国家，他们不参与具体事务，"任贤使能，恭己无为而天下治"。反倒是沉湎于酒、纵情享乐的纣王应当羸弱多病。汉儒的说法显然是不实之词。

汉儒声称："文王饮酒千锺，孔子百觚。"锺是古代盛酒用的圆形壶。觚是一种口大腰细的盛酒器。他们以此证明，圣人道德高尚，能够以道德控制饮酒的数量。为了证明纣王沉湎于酒，汉儒也编造了许多离奇的情节，诸如"以糟为丘，以酒为池"；"车行酒，骑行炙，百二十日为一夜"；"与三千人牛饮于酒池"等。

王充指出：一次宴会可以饮酒千锺、百觚，这是酒徒，不是圣人。喝这么多酒，必然要吃大量的菜肴。文王、孔子的肚子能盛得下吗？难道他们的身体像传说中的防风之君一样，一节骨头就可以装满一车？文王一再告诫臣下要节制饮酒，自己却豪饮无度。他能成为说到做到的民众表率吗？用夸大其词的方式渲染文王、孔子的道德，反而损害了他们的形象。有关纣王的描述显然也背离了事实。如果以酒为池，临池牛饮，就不可能驾着车斟酒，骑着马送菜。夏、商时期，官员总数不过一二百人。有资格与君王一起饮酒的，肯定不是庶民，也不大可能是小官。怎么可能有三千名高官显宦一起饮酒？狂饮多日忘记了时间，却说成以一百二十天为一夜。这也不符合实际情况。

在丑化秦始皇方面，汉儒可谓不遗余力，他们扭曲历史，编造故事，将一些莫须有的罪名加在秦始皇身上。"焚书坑儒"之说便是典型事例之一。汉儒声称："秦始皇帝燔烧诗书，坑杀儒士。"在他们看来，秦始皇"烧其书，坑其人"是出自同一个目的：坑杀儒士以灭绝诗书。

王充指出：当时确实发生了焚烧诗书、坑杀儒士的事件。

但是，如果说杀儒士是为了灭诗书，这就不符合实际情况了。"燔诗书，起淳于越之谏；坑儒士，起自诸生为妖言。"诸生被杀的原因是触犯了秦朝禁止妖言惑众的法律，且"见坑者四百六十七人"。秦始皇并没有为了灭绝诗书而将儒士斩尽杀绝。

王充的说法符合事实。"焚书坑儒"之说的确歪曲了历史事实，误导了人们的认识。人们很容易误以为秦始皇有意灭绝儒学，甚至从肉体上消灭儒家。从《史记》的记载看，秦始皇没有消灭儒家学派的计划和行动，"焚诗书"与"坑术士"这两件事都不是专门对着儒学、儒者而来的。"焚诗书"显然对儒家学派不利，而许多儒家著作并没有列入焚毁之书目。关于"坑儒"，《史记》的记载是"坑术士"，即诛杀一批欺骗朝廷、攻击皇帝、触犯法律的方术之士。虽也株连到一些读书人，却不是专门针对儒士的。秦始皇和秦二世的身边始终有一批儒士参与朝政。这也是秦朝无意灭绝儒家的佐证。

三、孟子之学多"浮淫之语"

孟子是儒家巨擘。汉代以来，无论在学术领域，还是在政治领域，孟子都有举足轻重的地位和影响。汉儒奉孟子为圣贤，他的思想也获得许多儒者的认同。实际上，汉儒的许多虚妄之言来源于孟子。因此，王充必然将审视的目光投向孟子。

孟子之学的影响不断扩大

孟子，名轲，字子舆，战国邹（今山东邹城东南）人，鲁国贵族孟孙氏之后。孟子受业于子思之门人，而子思是孔子的孙子。他发展孔子"仁"的思想，是思孟学派主要代表人物。

孟子以"正人心，息邪说"的卫道士自居，他抨击春秋五霸，排斥杨朱、墨翟之学，认为一切违背"孔子之道"的思想都是异端邪说。他又以辅佐圣君治天下的贤臣自居，曾游说齐、梁、鲁、邹、薛、宋等国，获得各国国君很高的礼遇，做过齐宣王的客卿。孟子提出的思想与政治现实相脱离，未能有所作为。晚年与弟子万章等著述《孟子》。

　　孟子以人性善阐释仁义礼智等伦理范畴，他认为"尧舜之道，孝悌而已"。孟子强调人的主观精神的作用，他认为人有天赋的"良知""良能"，所以"人皆可以为尧、舜"。孟子从道德差别和社会分工的角度论证等级制的合理性，他认为人的认识能力和道德水准有差别，"无君子，莫治野人；无野人，莫养君子"，这是"天下之通义"。孟子用天命论论证君主制度的政治法则，他赞同"天无二日，民无二王"，斥责"无父无君"，认为"一正君而国定矣"。孟子以天命人心解释君位传承，他认为"天与贤，则与贤；天与子，则与子"，只要获得天命，选贤与能的尧舜禅让、传于子孙的君位世袭和推翻暴君的汤武革命都是合理的。孟子主张实行王道仁政，他倡导"法尧舜"，"师文王"，为政应"以德服人"，"明其刑政"。孟子还一再指出"天子不仁，不保四海"。得民心者得天下，失民心者失天下，因此"民为贵，社稷次之，君为轻"。

　　孟子弘扬孔子之学，在理论上加以发展。因此，后儒尊其为"贤人""亚圣"，视之为仅次于孔子的圣贤，与孔子并称"孔孟"。自唐朝韩愈提出道统论以来，宋元明清的主流儒学将尧、舜、禹、汤、文、武、周公、孔子、孟子视为一脉相承的道统传人。宋神宗将《孟子》列入科举考试科目。理学将《孟子》列入"四书"。从此以后，读书人普遍研读《孟子》，其权威性获得广泛的认同。虽曾出现过明太祖下令删节《孟子》

的事件，而宋元明清许多皇帝认同"民贵君轻"，有的还著有相关的文章。

在汉代，孟子享有很高的学术地位。《孟子》一书广为流传。汉文帝一度设置《孟子》博士。河间献王刘德"修学好古，实事求是"。他不惜重金，搜求先秦典籍，其中就有《孟子》。还有许多专门研究《孟子》的著作问世。例如，汉明帝、章帝时期的程曾官至海西令，有弟子数百人"常居门下"。他著书百余篇，其中有《孟子章句》。

在西汉，孟子王道仁政思想的影响日益提升。《盐铁论》是重要证据之一。汉昭帝始元六年（前81），中央政府召开盐铁会议，商讨国家的政治指导思想及相关政策的调整问题。围绕盐铁专卖等具体政策，御史大夫桑弘羊与一批学者发生激烈的争论。其讨论情况由汉宣帝时期的桓宽整理为《盐铁论》。与会的"贤良文学"是一批笃信孔孟之道的学者，他们常常引用《孟子》的言论与丞相、御史论辩。

从《汉书》《后汉书》的记载看，在朝堂议政和政论文章中，《孟子》常常被用作权威性的依据。例如，淮南王刘安谋反，伍被极力反对，在劝谏之词中就引用了孟子的话。在《汉书·食货志下》，班固也引《孟子》以论关乎民生的平籴、均输、常平之政。这从一个侧面表明《孟子》有比较广泛的影响。

一些著名学者甚至尊奉孟子为儒学正宗。例如，扬雄极力抬高《论语》《孟子》，主张将其与"五经"并列。王充抨击汉代各种虚妄而著《论衡》，其中便有《刺孟》。这也可以反证孟子其人其学在当时的影响力。

孟子与"俗儒"无异

与孔子一样，孟子在思想言行上多有浮夸、虚伪、迂腐之处，这也是历代大儒常有的毛病。他自诩不贪富贵，藐视帝王，却带着弟子周游列国，朝觐君主，谋求官职，接受俸禄。面对功名利禄，他常常用诡辩法来解释自己的行为。在《刺孟》中，王充依据孟子的言行分析其人格特征，揭示孟子言行不一、虚伪不实的种种言行。他用事实证明：从思想品德看，与其说孟子是一位"贤人"，倒不如说孟子与"俗儒"无异。

孟子曾在齐国谋求职位。齐宣王久闻其名，打算将都城临淄的一处豪华住宅送给孟子，以万钟俸禄来供养孟子的弟子们，以便为官吏和国人树立榜样，使他们都效法孟子。于是齐王派大夫时子转告孟子。当时子通过孟子的弟子把齐王的想法转告孟子时，孟子却拒绝这个待遇。其借口是："我这个人从不贪图富贵。当初我在齐国做客卿，收入比这多十倍，尚且辞官而去。难道我贪图富贵吗？"

王充认为，孟子的说法有失谦让之理。孔子曾经指出："每个人都希望富贵，如果获得的方式不符合道义，就不能安享富贵。"因此，面对爵禄赏赐主要看应不应该接受，而不能用贪不贪富贵来回答。

齐王想接见孟子，他又故意摆架子，装病推辞。齐王派人来看他，他竟然跑到齐国大夫景丑氏家里躲避。既然如此，那就趁早离开齐国另谋高就吧！而当离开齐国的时候，孟子又不舍得快走，又滞留了三天。有人问他："您为什么依依不舍，久久不肯离去？"孟子答道："如果齐王能重用我，那么不仅齐国的百姓将安享太平，就连天下各国的百姓都会安居乐业。说不定齐王会改变态度，我天天盼着呢！"齐宣王并没有派人来请孟子回去。孟子只得灰溜溜地离开齐国。

王充指出：孟子内心想觐见齐王并获得重用，却借故推辞不就，离开时依然恋恋不舍，企盼峰回路转。由此可见，孟子的操守前后不一。

孟子自诩能够"知言"，即善于分析判断别人的言辞。听到人讲不公正的话，就能知道他要压抑谁；听到人讲蛊惑人心的话，就能知道他要陷害谁；听到人讲邪僻的话，就能知道他要离间谁；听到人讲闪烁其词的话，就能知道他要为难谁。

王充依据事实证明：孟子没有这么大的本事。有一个具体事例可以证明这一点。燕国的国君子哙没有经过周天子的同意，私自把君位让给子之。齐国图谋以此为借口攻打燕国。齐国大夫沈同问孟子："可以攻打燕国吗?"孟子说："可以。子哙不应该私自把君位让给别人，子之也不应该接受。没有获得天子的同意是不能这样做的。"于是齐国伐燕，燕国大败，子之被剁成肉酱。后来，有人问孟子是否曾经鼓动齐国攻打燕国。孟子却不承认有过这件事。他还狡辩说："沈同只问我可以讨伐燕国吗? 听到我回答说可以，他就去打燕国了。如果他问谁可以去讨伐，我就会回答说只有周天子才可以去讨伐。因此，我并没有劝齐国去攻打燕国。"

王充指出：沈同明明是怀有私心，想让自己的国家去伐燕。孟子如果察觉他的意图，就应该这样回答："燕国虽然该讨伐，但必须由周天子去才行。"这样沈同便会打消念头。孟子的做法表明，他并不像自己吹嘘的那样，"即使圣人重新出世，也必须听从我的意见"。

离开齐国的孟子郁郁寡欢。弟子充虞见老师一路上闷闷不乐，便问道："看样子您心情很不好。您不是曾经教导我们：'君子不怨天，不尤人'吗? 可您为什么怨天尤人呢?"孟子说："此一时也，彼一时也。五百年必有王兴。在这期间，必有著名人物生于世间。从西周建国至今有七百多年了，按说也该出现圣王和著名人物了。难道天帝不想使天下人平吗? 如果想使天下太平，当今之世除了我，谁还能担当这个重任呢？我又何必不高兴呢！"

王充指出：孟子不是相信天命吗？既然一切都由天命注定，他做不成圣王贤人就是天的意思，又有什么好埋怨的呢？没有在齐国得到重用便面带愁容，又用荒诞虚夸的话语自我解嘲。这不是孟子贤明的体现，反倒是他与俗儒无异的明证。孟子自吹"吾善养吾浩然之气"，其实并非如此。如果他心胸宽广、志气宏大，离开齐国时就不应当垂头丧气。

孟子的主张多有违背常识之处

孟子的思想不乏夸大其词之处。夸大其词势必违背事实、不切实际，甚至有欺世盗名之嫌。在《刺孟》《语增》等篇，王充对孟子的一些政论提出批评。他指出：孟子多有违背常识的"浮淫之言"。

孟子大讲"仁者无敌"。在他看来，只要以仁治国，一个小国的百姓也可以用木棍对抗"秦楚之坚甲利兵"。他无限夸大"仁义"的作用，其中《孟子·梁惠王上》的一段记载最为典型。孟子觐见梁惠王。梁惠王问："您不远千里而来，有什么方法可以有利于我国？"孟子的回答是："仁义而已，何必曰利？"

王充指出：孟子的说法违背了起码的常识。"利"有两种，即"货财之利"与"安吉之利"。《易经》的"利见大人""利涉大川""元亨利贞"，《尚书》的"黎民亦尚有利哉"等，都是指"安吉之利"。孟子没有问清楚梁惠王问的是何种利，便径以"货财之利"作答。这是不恰当的。

据《武成》记载，周武王与商纣王的牧野之战，死伤颇重，"血流浮杵"。周武王是儒者心目中的圣王。在他们看来，武王伐纣是"有道伐无道"。为了夸大武王的德政和仁义的功效，他们竟然宣称"武王伐纣，兵不血刃"。意思是，由于武王仁德孚众、人心所向，兵器上连一滴血都没有沾就把商朝灭亡了。孟子也质疑《武成》的记载，他说："以至仁的周武王去讨伐不仁的商纣王，怎么可能流那么多血，以致把杵都浮起来了呢？"

王充指出：依据儒家文献和历史记载，商纣王有"索铁伸钩"之力，他可以用铁条拧索，可以把铁钩拉直。纣王宠幸的蜚廉、恶来之徒也是大力士。他们还有效忠自己的军队。两军对垒，少说也杀伤百十人，怎么可能"兵不血刃"？孔子曾经指出：纣王的罪恶不像传说的那么严重。孟子却将武王伐纣说成"以至仁伐不仁"。按照孔子的说法，血流成河的说法接近事实；按照孟子的说法，兵不血刃的说法接近事实。一个圣人，一个贤人，在评价同一个人的时候却有不同的说法。以武力灭亡一个王朝绝非轻而易举。两支庞大的军队决战是要付出很高代价的。汉高祖与项羽交兵，"战场流血，暴尸万数"。纣王的罪恶不如王莽。王莽弑君篡位，众叛亲离，而击败王莽军队主力的昆阳之战尚且死者数万，"血流没趾"。所谓"兵不血刃"的说法纯粹是为了美化周武王，它不符合历史事实。

在这里附带介绍一下儒家编造的另一则政治神话，即所谓圣王"一人不刑""刑措不用"。这则神话类似于"兵不血刃"，其目的也是为了张扬"仁政"。在儒家文献中常见这样的说法：尧、舜之德，至优至大，天下太平，因此不曾对一人动用刑罚。周文王、周武王，道德崇高，延续到周成王、周康王，前后四十余年，刑罚被放置不用。

王充指出：这并非事实。"刑人用刀，伐人用兵，罪人用法，诛人用武"。刀斧、兵器、刑具、武装属于同一类事物。能做到"一人不刑"的，也就能做到"一国不伐"，能够做到不动刑罚的，也就能做到不动征伐。从历史记载看，尧伐丹水，舜征有苗，他们以严刑惩处共工、骥兜、三苗和鲧等人。周成王时，管叔、蔡叔和霍叔联合武庚、淮夷、徐戎起兵叛乱，周公率兵征讨，大开杀戒。就连刀枪剑戟都没撂在一边，刑罚怎么可能闲置不用？所谓"一人不刑""刑措不用"，纯粹是为了吹捧先王，夸大仁义而编造的不实之词。

孟子是天命论的鼓吹者。在他看来，圣王都是天有意创造出来的，理应做君临天下的帝王。"五百年必有王者兴"的说法就是基于天命论。

王充依据历史记载，批驳这种说法。他指出：帝喾、尧、舜、禹是人们公认的圣王，帝喾与尧父子相继王天下，尧传于舜，舜传于禹，帝喾、尧、舜、禹，四个圣王相继而生。由禹至汤将近千年，由汤至周，也将近千年。周文王、周武王和辅佐周成王的周公父子兄弟相继治理天下。由周公至孟子之时，又过了七百年。这些现象表明王者之兴并非以五百年为期限。由此可见，孟子的说法违背历史事实。

四、儒家的盛世之说"失实离本"

"祖述尧舜，宪章文武"是孔子之学的重要特征之一。历代儒宗将五帝三王视为开创人类盛世的"圣王"，将"圣王之道"视为理想政治模式。为了张扬孔子之学，儒家传人一方面颂古非今、歪曲历史，编造子虚乌有的圣王故事，另一方面尊王贱霸、排斥异说，甚至将儒家学说与"王道"画上等号，将其他学说统统贬斥为"霸道"。王充从哲学与历史的高度揭露了儒家盛世之说的悖谬。

破除汉儒编造的圣王神话

儒家视尧、舜、禹、汤、周文王、周武王为圣王。圣王神话一直是儒家学派知识体系的重要内容之一。孔子虽然不大讲神奇鬼怪，却是天赋君权论者。他认为，"天之历数"决定谁可以登上帝王之位，故君位为"天禄"，"凤鸟""河图"是王者之瑞。这个思想为后儒所继承。孟子将"天命"视为决定君位传承的终极原因，将王者之兴、圣贤之生归因于天命，从理论上发展了天赋君权论。在孟子看来，圣王能否出世全凭天命决定，开创盛世的王者都是肩负天命的圣人。他极力渲染尧、舜的至德，颂扬周文王、周武王的至仁，还提出"圣而不可知之之谓神"的说法。儒家后学沿着这条思路进一步推进，于是圣王、圣人都被推向神坛。他们不仅神化宗师孔子、神化儒家经典，而且神化古代圣王。在这方面，汉代儒者可谓登峰造极。为了美化先王、颂扬盛世，渲染儒家的王道理想，他们编织出许多荒诞无稽的神话，将圣与神联系在一起。王充对此深恶痛绝，斥之为虚妄，予以尖锐的批判。

在汉儒看来，圣王不是人的后代，他们都具有神奇的血统。诸如尧的母亲在野外与赤龙交合而生尧。禹的母亲吃了薏苡而生禹。商族始祖契的母亲吞食燕子卵而生契。周族始祖后稷的母亲踩了巨人的脚印而生后稷。他们禀受的是天地间最精致的精气，所以生来就具有超人的能力。

王充指出：这类故事影响很大，"世儒学者，莫谓不然"。据实而论，它们都属于虚妄之言。薏苡是一种植物的果实，燕卵是一种飞禽的蛋，巨人足迹是一种成型的土块。如此说来夏族、商族、周族分别是草籽、鸟卵、土块的后代。"天地之性，唯人为贵"。意思是，有生命体中人最为高贵，其他生物为卑贱。将高贵的人说成是禀受贱物的精气而生，哪里还谈得上"神圣"二字呢？

神化圣王与神化孔子有内在的联系。于是汉儒编造了许多圣王"神而先知"的神话。诸如黄帝"生而神灵，弱而能言"。帝喾生下来就能"自言其名"。

王充指出：这些都是神化圣王的虚妄之言。根据历史记载，三皇五帝都有师傅。黄帝、帝喾只是天资聪慧，又很早接受了良好的家庭教育，所以成为"早成之才"。人们说他们生而能言是过誉之词。

在儒家眼中，周公姬旦也是圣人，他具有未卜先知的能力。

王充依据历史记载批驳了这种说法。有一次，周武王得病，周公曾请求上天允许让自己代替他去死。因不知上天是否应允，就占卜了二次。王充指出：如果圣人先知先觉，周公就应当知道天意如何，何必占卜呢？

儒者称：舜葬于苍梧，大象为之耕地；禹葬于会稽，飞鸟为之耕种。这是他们的圣德感动上天，派鸟兽来报答他们。

王充对这种说法不以为然。他指出：天让"鸟田象耕"，对舜和禹有什么好处呢？天如果真想报答他们，就应该让苍梧、会稽的人们常常祭祀舜、禹。能使鸟兽耕田，却不能使人祭祀，天保佑圣人的方法何其拙劣啊！王充认为，苍梧之地大象聚集，会稽之地飞鸟众多。大象喜欢踩地，鸟类喜欢吃草，土被踩塌或草被啄食后，大地就像被耕犁过的样子。这是自然现象，也是鸟兽活动的规律，没什么可奇怪的。

在汉儒看来，圣王是神，因此圣王的器物也具有灵性。据说，周鼎不用烧火自己就沸腾，不用往里放东西，东西自己就出来。鼎和圣人一样具有未卜先知的能力，为逃避秦朝的祸乱，就躲藏于泗水之中。秦始皇派上千人到泗水中寻找，也没有找到。

王充认为，这些都是儒生编造的谎言，谬误口口相传，使得本来并不神奇的周鼎凭空变得神奇起来。周鼎原本是夏禹铸造的，它象征国家权力。这种由人铸造的金属制品并不具有灵性。夏桀、商纣的暴虐比后世有过之而无不及，而鼎当时并没有躲藏起来避祸，可见它不可能预知世道的盛衰。

"古今不异"与"周不如汉"

汉儒鼓吹太平盛世只存在于古代圣王之时。在他们看来，五帝三王之时，最高统治者的功德无与伦比，社会道德状况良好，甚至古人的体质寿命都胜过后代。王充指出：这种说法纯属谎言。

针对是古非今的经学思维方式，王充从历史事实出发，提出"古今不异"论。他认为，古今的天地是一样的，天地自然的物质条件古今无别。古代的天与今天的天是同一个天，天所提供的"气"不会厚于古而薄于今，所以禀气而生的人的素质是一样的。古往今来，人性与寿命都没有什么差别。前世实现天下大治的是圣人，后世实现天下大治的也是圣人。无论前世、后世，圣人的道德素质没有差别，因此无论古代、今天，圣人治国的成就也不会有重大的差异。至于社会风俗、政治状况，"一质一文，一衰一盛，古而有之"，因时而变，并无优劣之分。儒生说古代的一切都比今天好，无非是为了粉饰"圣贤之美"，凸显"尧舜之功"。可叹的是世俗之性偏爱褒扬古代而贬损今世，轻视自己亲眼所见的而重视被人所传闻的，因而很容易相信这一套。如果一定要用古代的模式来品评时政，就与守株待兔一样愚蠢。

在汉儒的言论中，有一种说法很常见：春秋以降，礼崩乐坏，天下大乱，霸道横行，世风日下，太平之世一去不复返。自从汉朝建立以来，从来没有出现过天下太平的气象。

王充指出：太平盛世的标准是社会秩序稳定，百姓安居乐业。按照这个标准，汉文帝兴礼乐，改制度，当时天下已经太平。汉光武帝中兴，又一次实现了太平。如果将西周与汉朝比较，不难发现"周不如汉"。从统治者的素质看，汉朝的高祖、光武足以媲美西周的文王、武王；汉朝的文帝、武帝、宣帝、明帝、章帝超过西周的成王、康王、宣王。从祥瑞看，汉代有记载的祥瑞并不比三皇五帝之时逊色，汉朝甚至胜于西周，更何况百姓安居乐业才是吉祥的征兆！从国土疆域看，西周的统治范围局限在五千里以内，而汉朝开疆拓土，控制万里之外，边远地区的少数民族也向王朝进贡各种珍奇物品。从经济状况看，原本高低不平的荒野被大量地开垦成良田。从道德教化看，各民族都有所进步，原本不穿衣裳、赤足裸体的族群都加入穿戴礼服、鞋帽的行列，古代桀骜不驯的族群变成今天的平民百姓。如今"四海混一，天下安定"，各民族的经济、文化都有所进步，社会发展程度远远超过儒生颂扬的西周盛世。简言之，若论古今的政治、经济、文化、疆域，怎能说上古德厚而今世德薄呢？

王充还逐一比较古代圣王与汉朝皇帝的文治武功，以证明汉朝的功德"在百代之上"。例如，周武王伐纣，纣王兵败自杀，武王用斧钺将纣王的尸体斩首，还将首级悬挂在旗杆之上示众。汉高祖入咸阳，并没有残害秦二世的尸体。汉光武帝入长安，也没有将刀斧加诸王莽的尸体之上。这表明，汉朝的开国之君比西周的开国之君更宽宏大量。在王充看来，天命尤为青睐汉朝，古代圣王的"太平之瑞"都不及汉朝。

王充认为，"儒者称圣泰隆，使圣卓而无迹；称治亦泰盛，使太平绝而无续也。"就是说，儒者过分夸饰圣人之德和盛世景观，反而使之高不可攀，导致人们根本无法追寻圣人的足迹，根本无法企及太平之世。王充的这个观点道出了儒家学说一个重大弊端，即用曲解历史的方式张扬自己的主张，用大量的不实之词作为自己的论据，以致设计的政治模式不曾在历史上存在，也无法在现实中实现。

王充致力于"彰汉德于百代，使帝名如日月"。他歌颂汉代的帝王与政治，多有溢美之嫌。但是，有一点却毋庸置疑："古今不异"论在当时具有破除迷信、解放思想的积极意义，它是对颂古非今的经学思维方式的批判和否定。

"知经误者，在诸子"

儒家经典与诸子之书的价值孰高孰低？汉儒盲目崇拜前者，极力贬低后者，由此而引出许多虚妄之论。诸如儒家"王道"而法家"霸道"之类的说法，至今仍影响着许多人的历史认识。王充"博通众流百家之言"。他在广泛评说诸子得失利弊的基础上，明确指出：诸子之书切近道理，儒家经典多有失实，因此诸子百家的著述比儒家经传更真实可信。

王充评述的先秦两汉诸子包括老子、孔子、孟子、韩非、陆贾、贾谊、董仲舒、司马迁、扬雄、桓谭等一批著名思想家。王充认为，诸子之书是智慧的结晶，有助于治国从政，甚至堪称"素王之业""素相之事"。但是，诸子之书不是无瑕之玉，其中不乏谲诡之作、不实之词。

王充对诸子的思想既有肯定，也有否定。这里以对韩非思想的评说为例。王充对韩非有比较全面的评说。在《非韩》中，王充既肯定韩非"明法尚功"思想，又批评韩非轻视礼义的作用，否定儒学的价值。王充认为，"治国之道，所养有二：一曰养德，二曰养力"。礼义道德是治国纲纪，顺从民意是治国之本。理想的治国之道是"德力具足"，而韩非思想的最大缺陷是"不养德"。

在对孔孟与韩非的评价上，王充与汉儒有明显的差异。汉儒采取一种可以称之为"极化"的评说方式，将孔孟与韩非置于善恶的两端，极力美化前者，极力贬低后者。他们不惜曲解历史，利用秦亡汉兴，证明儒家"王道"是终极真理，而法家"霸道"则一无是处。这样做的目的无非是为了谋求与维护儒学独尊的地位。王充则采取了比较客观的态度，他既指出了韩非的片面性，又肯定了韩非的可取之处。在《论衡》中，有十余篇涉及韩非。王充认为，韩非是一位贤者，他的著作通俗易懂，思想深刻，与孔子、孟子、陆贾、桓谭的著作同属圣贤之文。政治衰败的韩国如果按照韩非的主张施政就不致于亡国。如果韩非执掌秦之政，秦朝也未必灭亡。韩非否定卜筮迷信也是正确的。韩非之死不是由于有"阴恶"而遭到报应。

王充从内容到方法对儒家经学进行了批判。他指出："称美过其善，进恶没其罪"，这是儒家经典及经学的一大弊端。因此，《尚书》《诗经》《易经》《春秋》中多有夸张不实之词。这些经典显然"失实离本"，经典传注的可信度就更低，故"经之传不可从"。

王充认为，体现孔子、孟子、韩非等人思想的诸子之书的价值并不比经传之书低。诸子之书多为"文儒"之作，经传之书多为"世儒"之作。世儒说经，多是"虚说"；文儒之作，才是"实篇"。秦始皇焚书，而诸子之书不在其列，因此经书多有残缺，而诸子之书保存得比较完整。"知屋漏者在宇下，知政失者在草野，知经误者在诸子。"因此，不博通百家之言便会沦为"死人之徒"，恪守师说章句就不能成为"通览之人"。王充将经学与诸子相提并论，甚至以诸子之学为本，以经传之学为末，这就否定了汉朝"罢黜百家，独尊儒术"的文化政策的正确性。

通观《论衡》全书，儒家文献是王充知识与思想的主要来源。他将孔子、孟子作为圣贤的代表给予很高的评价，并继承、发扬了儒家的许多思想。但是，王充反对盲目崇拜权威的做法，凡是世俗迷信都在批评之列。因此，他对孔子、孟子和经典也毫不留情。尽管有些批评不乏偏颇之处，而王充还原事实、纠正谬误、破除迷信的做法却功不可没。他对儒家的经典、宗师、圣贤提出的质疑，涉及汉代经学的经典依据、知识体系、治学方法、思维方式。在儒学成为弥漫全社会的各种迷信的总根源的时代，这种质疑本身就具有振聋发聩的作用。

批判、否定经学的思维方式，也就是批判、否定汉代统治思想的理论形式。王充的思想冲击着统治思想的理论形态和哲学基础，为统治思想的调整和思想文化的发展开拓了道路。在一定意义上可以说《论衡》为两汉经学敲响了丧钟。

第3章

批判天人感应论与谶纬符命之说

天人感应论是汉代统治思想的哲学基础，谶纬符命之说是汉代盛行的文化现象。它们的本质特征是把天当作神来崇拜，并用天神上帝论说宇宙本质、万物本源、自然法则和社会模式，解释自然、社会、人生的各种现象。天人感应论为神秘主义的鬼神信仰、圣人崇拜、经典崇拜和方术禁忌提供了重要依据。作为一位哲学家，王充的主要贡献是触动了天人感应论的根基，为扫除各种虚妄之说提供了哲理化的依据。

一、"天地，含气之自然也"

在中国古代思想史上，"天"是一个非常重要的哲学范畴和政治范畴。对天的看法可以表达人们对宇宙本质、万物本源、自然法则和社会模式的基本看法。其中，神秘化的"皇天上帝"是许多虚妄之言的思想根源。孔子、孟子主张畏天命、信天命。汉儒以天为神，将天视为众神之王，进而以此论证纲常、皇权神圣不可侵犯。王充针锋相对。他把天还原为客观存在的自然之物。否认了天神的存在，也就使许多虚妄之言失去了理论根基。

"天者，百神之大君"

以天（上帝）为神的观念源远流长。上帝观念与王权观念有内在的一致性。夏、商、周的王权都披着神权的外衣，即将王（天子）说成是天神的嫡子后裔。君主自称受命于天，打着上帝代言人的幌子，实行独断专行的政治。"君，天也"的说法获得大多数人的认同。《尚书》《诗经》甚至有用"上帝"指称天子的用例。中国最早按照词义和事物分类编纂的词典《尔雅》成书于先秦，其中也有"天、帝，君也"的注释。

具有神秘性、至上性、绝对性的"天"是儒学理论基础之一。孔子以"天无二日"论证"土无二王"的合理性，孟子以"天命"论证王权的合法性，荀子将"天地""先祖""君师"称为"礼之三本"。汉代以降，经历代大儒的阐释、发挥，这类思想一直居于主流地位。

汉代主流儒学的理论基础之一是天人感应论。董仲舒是这种理论的典型代表。他以天人关系问题为中心，推演出一套名曰"天人感应"的哲理。董仲舒的天论集天道神圣与君权天赋思想之大成，对神权和皇权之间的联系作出系统的论证。汉儒大多信奉这套理论。其基本思路可以概括为以下几点。

从天的属性与功能看，"天者，百神之大君"。董仲舒认为，天为至上神明，是天堂、人世、万物、鬼界的最高主宰，拥有至高无上的权威。天上的日月星辰、风雨雷电，地上的山岳岭丘、江河湖海，人间的帝王将相、百姓众庶，统统是上帝绝对支配下的臣民。天"居高理下为人镇"，是一切人事的终极依据，决定人世的盛衰兴亡，监视人间的善恶是非。无论是谁，违背了天的意愿便会受到惩罚。

从天人关系看，"天人之际，合而为一"。董仲舒认为，天像人一样有意志、有感情，能够赏善罚恶。春生、夏长、秋收、冬藏，就是天喜怒哀乐的具体表现。祥风、润雨、雷雨、冰雹、地震、虫灾等是天施行赏罚的手段。"人副天数"，天与人外在相同，内在相通，小而为人，大而为天。例如，人的形体是演化天数而来的。一年有三百六十六天，人体有三百六十六块小骨节。一年有十二个月，人体有十二块大骨节。天有五行、四时，人有五脏、四肢。人的脑袋像天穹，头发像星辰，耳目像日月，呼吸像风气，就连长得四四方方的脚也像大地的形状。人类是天仿照自己的模样创造出来的。天与人具有相同的精神和构造，因此天人交感，同类相动，天人之间可以互相沟通。

从天与王的关系看，"天子受命于天"。为什么人类的君主叫"王"呢？董仲舒说："王字的三横分别代表天、地、人，一竖表示把天、地、人联结在一起，站在天、地、人的中间。通晓自然和社会的道理，把天的旨意传达给人们，这就叫做参通天地人。除了王又有谁能担当这个重任呢?"天子秉承天命治理天下，所以天子听天的命令，臣民要听天子的命令。天会对人事活动作出奖惩性的反应。天子治国有道，天会降下"符瑞"以资奖励。倘若君主滥用权力，逆天道而行，天就会降下"灾异"进行"谴告"。因此，代天治民的天子要绝对服从天的旨意。

从天与社会秩序的关系看，"王道之三纲，可求于天"。董仲舒把臣要服从君，妻要服从夫，子要服从父，称为"王道三纲"，并把这说成是天为人类社会制定的法度。天尊地卑，阳尊阴卑，注定了君尊臣卑，男尊女卑，父尊子卑。天子受命于天，臣民受命于天子，儿女受命于父母，妻子受命于丈夫。

"君臣、父子、夫妇之义"是永恒的、神圣的、合理的。简言之，"天不变，道亦不变"。

天人感应论把天神说得法力无边、活灵活现，其根本目的是维护君主制度、等级制度和宗法制度，并为王权涂上神圣的油彩。本来想说帝王就是神，却又要兜个圈子，先把天说成人格化的神，然后说君权天赋。这就将统治思想神学化。天成了最大的神，大大小小的鬼神和形形色色的迷信也就有了重要的依据。因此，批驳神鬼迷信必须先从"天"的属性与功能上说起。

天是自然物质

天究竟是什么？要证明天不是上帝神祇，而是自然现象，这是首先要回答的问题。王充汲取道家"天道自然无为"和荀子"明天人之分"的思想，也汲取汉代天文学的成果，提出了天地为"含气之自然"的论断。

关于天的形体与构成，汉代天文学家进行过热烈的争论。大体可以分为盖天说、浑天说、宣夜说。盖天说认为天是圆形的盖子，或者天平如车盖，或者天穹如斗笠，或者天如倾斜的圆盖。浑天说认为天如蛋壳，形似浑圆；大地如蛋黄居于中间浮于水上；天穹自西向东转动，循环往复。宣夜说认为天际虚空，日月星辰自由飘浮其间而无所根系，推动其运转的是无边之气。盖天说和浑天说都将天视为囫囵的"体"。宣夜说则将天视为无边无际的"气"。

王充认真研究天文学，在独立思考的基础上形成对天的认识。他认为天有形体，却没有简单照搬盖天说和浑天说。他不太同意宣夜说以天为气的观点，又没有完全予以否定，而是将

"天是气"和"天是体"两种说法相提并论。在王充看来，天有形体、有高度，不能简单地视之为云烟。日月星辰在天上运动，犹如蚂蚁在碾子上爬行。在天上有固定的位置，二十八宿犹如日月的驿站。王充对天的理解并不科学，而将天视为物体的看法却足以否定天是神祇的谬论。

王充是从汉儒的一个说法谈起的。据说，在上古，诸侯共工与帝王颛顼争夺王位。共工战败后怒撞不周山，致使支撑苍穹的天柱折断，维系大地四角的绳子绷断。女娲熔炼五色石弥补天的缺口，斩断海中巨鳌的四肢支撑天的四周。从此，天的西北角残缺，地的东南方塌陷，所以日月星辰都自东向西移动，江河百川都注入东海。

王充从人事和自然两个角度揭露这种说法的虚妄。他指出：共工如果真能撞得"天柱折，地维绝"，那就应当力大无穷，天下无敌。在这样的人面前，士兵如同蝼蚁，兵器如同麦芒，不堪一击。即使动用普天之下的军队，用尽四海之内的兵力也无法战胜他。怎么竟然会败在颛顼手下？王充又指出：如果天是云烟一样的气，又何必用柱子支撑它呢？说是女娲炼石补天，这表明把天看成实体。果真如此，那么天是玉石一类的东西。这么重的天，每一千里安置一个柱子也无法支撑。东岳泰山、西岳华山、南岳霍山（后改为衡山）、北岳恒山、中岳嵩山等被视为天下最高的山峰。它们的山巅尚且距离天穹很远，不周山又是怎么顶住天的呢？当天柱尚未修补好之时，天又是靠什么支撑着呢？巨鳌是一种野兽，怎么能代替山岳做天柱？它的骨头腐朽了怎么办？如果巨鳌之足可以做天柱，那它的整个身体又该有多大，天地之间能容纳得下吗？既然鳌足可撑天，它的皮必定像铁石一样坚固，女娲又是怎么杀死它的呢？由此可见，这个传说不真实。

王充认为，元气是构成天地、万物和人类的最基本元素。天地万物是元气的产物。天地都是有形态的物质实体。天上的星辰犹如地上的房舍，没有什么神秘可言。无论天如云烟，还是天为实体，它都是一种自然物。所以天不是具有人格特征的神。王充对天的描述是粗疏的，他只能将天体运动的原因归结为一种"恍惚无形，出入无门，上下无垠"的神妙作用。但是，在当时的历史条件下，王充明确指出天是物质的，天体运行是物质的运动，这无疑具有重要的思想价值。

天是自然物质的观点与天为百神之君的观点是针锋相对的。持不同观点的人会对各种社会政治现象作出不同的解释。如果天不是具有人格特征的神，而是自然之物，它就不可能主宰人类、规范社会、任命帝王、赏善罚恶。王充正是从这个角度进一步认识天的功能的。

天道自然无为

王充是一位哲学家。为了进一步证明天不是神，他从天的功能的角度进一步论证了天的自然属性，即"夫天道，自然也，无为"。

根据什么知道天是自然现象呢？王充的回答是：因为天没有嘴和眼睛。怎么知道天没有口目呢？只要考察一下地就可以推导出来。地的实体是土，土何曾有口目。天是气，就像烟云一样，烟云怎么会有口目呢？天没有口目等感觉器官，也就不可能有欲望，没有欲望，也就不可能对事物有所追求。这样的天又怎么会有意识、有目的地行动呢？

在王充看来，人和万物都是天地的产物，却不是天有意识、有目的地创造出来的。天不能有目的地产生人类。天地之气和合，人类就偶然生长出来了，这就像夫妇之气交合，孩子就自然生出来一样。人和万物都是由元气构成。天施放阳气，地施放阴气。在这个过程中，万物自然而然地产生出来，这就是"自然无为"。万物生于天地之间，鱼在水中游，兽在山中跑，各自适应生活环境，靠本能繁衍后代。对此，天听任放纵从来不加干预，这就是"自然无为"。

王充批判天地有目的地创造万物是为了养活人类的说法。他指出：草木的花朵和叶片都有曲折的纹理。宋国一位巧匠用木头雕刻楮树叶子的形状，用了三年时间才刻成。如果天地三年才做成一片叶子，那么万物的叶子就很少了。如果说是天地有意识做出万物，那么制作万物得用手，天地哪里能有千千万万只手，同时做出千千万万件东西呢？在王充看来，万物的春生、夏长、秋成、冬藏都是"自然之化"。天地本来就是自然之物。天地之气交流，造成万物生长的条件和环境，并非有意识地去安排出万物供人类享用。人类为了生存，"见五谷可食，取而食之；见丝麻可衣，取而衣之"。如果说天有目的地生出五谷供人吃，生出丝麻供人穿，岂不是让天为人类充当"农夫、桑女之徒"？如果因为人类能降服万物，就说天创造万物是为了供人类享用，那么是否可以因为虎狼蛇蝎等吃人、伤人，就说天创造人类是为了给这些害人虫享用呢？

汉儒以五行及其相生相克的关系模式解释自然、社会、人生的各种现象。所谓五行即金、木、水、火、土。五行相生相克。相生，有相互滋生、促进、助长的意思；相克，有相互制约、抑制、克服的意思。五行相生的规律是：木生火，火生土，土生金，金生水，水生木。五行相克的规律是：木克土，土克水，水克火，火克金，金克木。在汉儒看来，万物是天按照"五行相生相克"的法则有意识地创造出来的。因此，五行相生相克是动物之间相互战胜、克制的规律和法则。天以五行之气创造万物，五行之间相互斗争、制约，所以万物之间互相竞争、残害。动物相互撕咬、制服对手、吞食猎物，都是五行之气使然。按照阴阳五行的说法，十二地支分别配属十二种动物，它们与五行相对应，即寅（虎）、卯（兔）属木，巳（蛇）、午（马）属火，辰（龙）、未（羊）、戌（狗）、丑（牛）属土，申（猴）、酉（鸡）属金，亥（猪）、子（鼠）属水。根据每种动物所禀受的五行之气产生制服、克制关系。比如，木胜土，所以犬、牛、羊畏惧老虎。水胜火，所以猪吃蛇，马吃老鼠屎就腹胀。

王充指出：汉儒的说法牵强附会。水胜火，属水的鼠为什么不追逐属火的马？金胜木，属金的鸡为什么不食属木的兔？土胜水，属土的牛羊为什么不杀属水的猪？火胜金，属火的蛇为什么不吃属金的猕猴？由此可见，动物按五行的性质相互克制的观点不符合事实。万物在竞争中处于优势还是劣势，取决于它们自然禀赋的能力大小，如力量强弱、爪牙利钝、动作巧拙、气势勇怯等。不同物种之间存在差别。勇猛有力、聪明灵巧的自然就会在竞争中取胜。

王充借助生活常识和形式逻辑去揭穿关于天的神学目的论，他用大量事实证明了天的物质性和自然界的实在性，从而有力地否定了天神的存在。

二、"谴告之言，衰乱之语也"

天谴论是从天人感应论中派生出来的。在汉代，这种谬论极为盛行，对政治生活有极其深刻的影响。王充以大量篇幅批驳天谴论。在著名的"九虚三增"中，有七篇是批驳这种谬论的。《谴告》《治期》《感类》《寒温》《遭虎》《商虫》等诸多篇章也涉及这个问题。

谴告之说旨在"化无道，惧愚者"

"天谴"，亦称"谴告"，即天神的谴责告诫。天谴论的基本思路是：天神会对人间的善恶作出反应。天时时刻刻监视着人间，运用各种手段赏善罚恶，以达到惩恶扬善的目的。如果统治者不敬天命、不守道德，人世间出现政治失误，天就会警示、告诫、谴责统治者。先是用灾难惩罚他的臣民，如果仍不改正，就会把灾难直接降在君主本人身上。谴告的方式是降下灾异。灾，即灾变，指自然灾害。异，即怪异，指异常的自然现象。日食月食、地震海啸、乍寒乍暑、暴风骤雨、水旱虫灾、虎狼伤人、雷电击打之类都属于灾异范畴。不同程度、不同性质的政治失误会招致不同程度、不同性质的灾异。比如刑罚太滥会招致阴雨连绵、大水泛滥等。如果统治者畏惧谴告、祈求原谅、革新政治、改正错误，灾异便会消失。否则天就会降下更严厉的谴告，直至改变天命引发改朝换代。显而易见，天谴之说是天人感应论的重要组成部分，天人感应论是天谴之说的理论基础。

天谴观念源远流长。《诗经·小雅·十月之交》中天谴告无德者的说法是早期典型事例之一。《尚书》《诗经》《春秋》等经典文献多有这类思想的表述。阴阳家有进一步的理论阐释。他们认为，君主必须法道、法天、法地、法四时，否则便会招致天谴、天诛。在汉代今文经学家的手中这类思想登峰造极。

天谴论获得社会各阶层的广泛认同，又具有一定的可操作性，因而对政治生活有重要影响。一旦出现灾异现象，人们就会认定政治有弊端，必须实行政治调整。臣子们常常以天谴劝谏君主，皇帝们也常常发布罪己诏书。于是"天谴修政"成为常见的政治程式。

在当时的历史条件下，天谴论在一定程度上有规范王权、制约君主的作用。汉文帝的一份天谴罪己诏可为例证。所谓"罪己诏"，即最高统治者公开向全国发布文告，承认政治有重大失误，进行自我批评乃至自我谴责。汉文帝二年（前178）十一月癸卯发生日食。按照当时公认的政治观念，这是对失德之君的警告。汉文帝当即发布罪己诏。这篇诏书包括四层意蕴：首先，天立君以养民、治民，君之权位由天所定，天下治乱系于君主一人。其次，君主是天的代理人，天时时刻刻监视着君主。如果君主违背立君以养民的天条，天就会以灾异警示"不德"。第三，日食是最大的灾异，出现这种现象证明皇帝的政治行为违背了天心、民意，必须请罪于天。第四，诏令臣民"直言极谏"，以便检讨政治，纠正失误。同时下令减轻民众的徭役。

王充认为，灾变是一种自然现象，并不是天对人的谴告。国家将兴将亡，会出现或吉或凶的征兆。它们不是天有意识降下的，而是自然而然形成的。"谴告之言，衰乱之语也。"天谴论是政治腐败、天下动荡的产物，是身处乱世的人们比附人与人之间互相谴责、报复去臆度天人关系的结果。宣扬天谴论的目的是借天的权威教化无道的君主，吓唬愚昧的百姓。

天谴论出自人们的主观臆造的观点表明，王充对宗教的社会根源和认识根源有深刻的见解，他在一定程度上认识到是人创造了宗教，而不是宗教创造了人。

"天赐祸福" 的说教不可信

天人感应论者宣扬"人为之，天应之"。他们认为，一个人公开做了好事君主会给予奖赏；暗地做了好事天神会给予善报。反之，公开的罪行会受到礼法惩治；隐秘的罪恶会受到天地惩罚。凡是天要惩罚的，不论罪恶大小都会被发现；凡是天要报应的，不论罪恶远近都必定严惩不贷。

汉儒认为，孙叔敖埋蛇的故事就是天报答善行的明证。有一次，孩童之时的孙叔敖回到家中便放声大哭，母亲急忙询问为什么哭。他说："听说遇到两头蛇的人必死无疑。刚才我遇到一条两头蛇，恐怕再也见不到母亲了。"母亲问："现在蛇在哪里?"他回答说："我担心别人再遇见它，所以打死并埋掉了。"母亲说："我听说有阴德的人天必定报答他。你不会死，天将保佑你。"后来孙叔敖担任楚庄王的令尹，位居国相之位。

王充指出：这件事不足以证明天能报答善行。人遇到两头蛇就会死掉是流俗的传言。相信这一套就等于说人的生死取决于一条蛇的生死。其实两头蛇并不能给人带来灾祸。天下善人少，恶人多。善人规规矩矩，恶人为非作歹。然而恶人的寿命并不短，善人的寿命并不长。既然天可以赏善罚恶，却又不让善人享百岁高寿，不让恶人短命而死，这是为什么呢?

汉儒认为，楚惠王吞蛭的故事也是上天爱护有德之人的明证。有一次，楚惠王发现饭里有蚂蟥就立即吞掉它，因而得了腹痛病。令尹询问致病之因，楚惠王说："我的饭里发现蚂蟥。如果不治厨师的罪会破坏国家法律；如果按律皆处死他们又于心不忍。我担心左右的人看见就把蚂蟥吞了。"令尹起身向惠王拜贺："我听说天道不论亲疏只帮助有德行的人。您有仁德，天一定会护佑您的。"当天晚上，蚂蟥从惠王腹中出来了，不但没有造成伤害，还治好了原来的瘀血病。

王充不以为然。他指出：如果这类说法成立，天就应当解除所有贤德之人的病痛。可是就连周武王、孔子这样的圣人都患过重病。许多有德行的人并没有得到天的保佑。

白起伏诛的故事是汉儒论证"天赐祸福"的依据之一。秦昭襄王听信谗言，迫令大将白起自杀。白起举起赐死之剑架在脖子上，长叹道："我有什么过错得罪了天吗？"他想了好一会儿，又说："我的确该死。秦赵长平之战，我将降兵四十多万统统活埋了。凭这一条，天也足以定我死罪了。"于是自刎而亡。

王充质问道：难道赵军四十万人都有过错得罪了天？四十万人中必定有行善之人。为什么那些好人也遭到活埋的报应呢？如果四十万降兵的确都有罪恶应当受到报应，白起杀死他们又有什么罪过？这件事恰恰证明行善不能蒙天保佑，行恶不能受天惩罚。

李广难封的故事也是汉儒论证"天赐祸福"的依据。有一次，飞将军李广与方士王朔闲谈。李广说："自从汉家开始征讨匈奴，每一次战役我都参加了。我手下的军官大多才能平平，却纷纷立功封侯。我的才力超群，为什么连一尺的封地都没得到？难道这是命里注定的？"王朔说："请将军仔细想想是不是做过感到悔恨的事？"李广想了想，说："我担任陇西太守时羌人常常反叛。我设计诱降了八百人，又用欺骗的手段把他们在同一天杀掉了。这件事至今使我悔恨不已。"王朔说："杀害降兵是最大的罪过，这就是你不得封侯的原因。"

王充指出：兵荒马乱之时，饥馑灾荒之年，拦路抢掠、打家劫舍、图财害命的事多得很。有些人以人肉为食、弃尸不葬。一些村庄未必能存活下一个人。可是那些杀人强盗却生存下来，富贵安乐、飞黄腾达。天不责罚谋财害命的人，却让无辜的人横遭大祸，这是为什么？恣意横行却无祸有福，规规矩矩却有祸无福。由此可见，"天赐祸福"之说不可信。

灾异与人事并无关联

灾异与人事有时会不期而遇。这种巧合便成为谴告说的重要依据。于是偶然的被说成必然的，灾异与人事也就被说成是有内在联系的。有两个事例是宣扬灾异谴告的人最喜欢引以为据的。

第一个是商王成汤天谴罪己的故事。汤是商朝的开国君主，也是公认的贤明君主。据说，由于连年大旱、赤野千里，汤心怀疑惧，担心严重的灾变是由于自己的罪过引起的。他引咎自责，把头发剪掉，自愿充当祭天的贡品，还列举自己的五大过错，求上天宽恕解除旱灾。天果然降下一场透雨。

第二个是关于周公死后葬礼的故事。周公是周武王的弟弟。周武王垂危之时，周公向祖先祈祷，请求神明允许自己代替武王而死。他把祷文藏在用铜封固的匣子里。这就是所谓的"金縢之书"。武王死后，成王年幼，周公辅政，代行王权七年（一说正式称王）。成王成人后，周公交还了大权。据说，周公死后，周成王不知该用什么礼仪埋葬他。用天子之礼吧，周公的名分只是个大臣；用人臣之礼吧，周公一度代行王权，还为周朝立过大功。正当周成王犹豫不决之时，天发了怒降下灾异。霎时间雷雨狂风俱作，田野的庄稼被刮倒，参天大树被连根拔掉。天的意思是以天子之礼埋葬周公以表彰他的功德。成王见灾异而惧怕，又得知"金縢之书"的内容，于是一边哭泣，一边责备自己，决定遵从天意。这样一来，立刻雨过天晴、风和日暖。

王充指出：汤本无过，却出现大旱。他自己编造了五条大错，天却下了雨。既然旱灾不是因汤的错误而出现，大雨也就不该为了汤的自责而降下。前旱后雨，这是自然界常见的现象，与汤的行为毫无关系。宣扬灾异谴告的人们认为"雷为天怒，雨为恩施"。那么天对周成王发怒应当干打雷不下雨，可雷雨狂风一股脑儿降下来，难道天既发怒又高兴吗？"千秋万夏，不绝雷雨"。雷雨大风与周成王拿不定主意只是偶然的巧合。春秋时期，宋国的华臣想削弱宗族支脉，企图杀死侄子华皋比。他先派六个刺客杀死了华皋比的管家华吴。杀死华吴的地点恰巧在向戎家的房后。向戎也是个有权势的人，他对华臣嫁祸于人的做法十分恼怒。从此华臣时刻戒备向戎，怕他报复。有一天，百姓们追打一条疯狗。疯狗逃进华臣的家门。一时间，群众聚集，人人喊打。由于事出突然，华臣误以为是向戎率兵来攻打他，慌不择路越墙逃走。周成王畏惧雷雨大风与此相同。百姓追赶疯狗，却惊走了不知底细的华臣；迅雷骤雨不期而至，却令担心天谴的成王感到心惊肉跳。然而，百姓逐狗，并非要杀华臣；天降风雨，并非责罚成王。

王充指出："百变千灾，皆同一状。"日食月食、晴雨风云、地震星变等都是自然现象，有一定的规律。正如日食月食有一定周期，每隔一段时间就会发生，它们与政治并无关系。按照灾异谴告的说法，旱灾是对君主骄横暴虐的谴告；涝灾是对君主贪恋酒色的谴告。可是为什么尧之时洪水横流，汤之时连年大旱，桀、纣之时却并未发生大的灾荒？难道尧、汤是暴君，桀、纣是圣主？难道天糊里糊涂、不识好歹？按照灾异谴告的说法，老虎吃人是对贪官污吏的谴告。那么是否可以认定在平原和城市做官的都是清官，在山林草泽地区做官的都是贪官？如果天的确能够谴告君主，也就能够有意识地选择贤君。天为什么不事先选择一批贤君，却选择了一大批昏君占据王位，然后等到他们干尽坏事再用灾异来谴告。天怎么这么不怕麻烦呢？"审一足以见百"，各种灾异与人事只是巧合而已。用人事解释灾异或用灾异解释人事的种种说法都荒诞不经。

人的至诚不能感动上天

汉儒宣扬人的至诚能够感动上天及其他事物。他们编造了许多天人相通的荒诞故事，致使"诚能感天"的说法流毒甚广。在《感虚》中，王充列举十五个典型事例批驳汉儒的观点。他明确指出：自然界有自己的运动规律，绝不会因为人的主观感情而改变。

儒书称：尧之时，天空中有十个太阳，把万物烤得焦枯。天有感于尧的精诚，帮助他除掉了九个太阳。

王充指出：尧之时洪水泛滥。如果天能帮助尧除掉九个太阳，为什么不能帮助尧止住滔滔洪水。尧的精诚感动上苍的说法是虚妄之言。

儒书称：燕国太子丹朝见秦王嬴政被扣留在秦国。秦王发誓说："如果偏西的太阳再回到正中，天降下谷雨，乌鸦头变成白色，马生出犄角，门上雕刻的木箱生出肉脚来，才放你回去。"天感动于燕太子丹的至诚，使秦王誓言中所说的事情一一变为现实。秦王不得不放太子丹回国。

王充指出：商汤曾被夏桀囚禁在夏台。周文王曾被商纣王囚禁在羑里。在从陈国到蔡国的途中，孔子曾被当地人围困七天没有吃上一顿饱饭。三位圣人被困，天尚且不保佑。太子丹为何许人，竟能感动上天！

儒书称：战国时邹衍无罪而被拘押。他仰天长叹，时值盛夏，天却为他降下寒霜。

王充指出："寒温自有时"，不会受人的支配。邹衍的冤屈比不过曾子、伯奇。曾子对父母非常孝顺，却经常受到虐待。伯奇因为后母进谗言，无罪而被父亲放逐。天并没有为曾子、伯奇降下霜雪。如果说被放逐的冤屈微不足道，那么晋国的太子申生被后母陷害而自杀身亡，吴国的大臣伍子胥遭受谗言而被迫自尽，可谓是莫大的冤屈。真正的孝子被赐死，至诚的忠臣被诛杀。天为什么不为他们动容？难道天见到人被拘押而痛苦，见到人流血却不悲伤吗？一个人因为冤枉而叹了口气，天就为之降下寒霜，天也太容易被感动了。

儒书称：吕梁山崩塌，堵塞黄河河道。晋景公为之忧心忡忡。一个拉车的人建议他穿上丧服对着黄河哭，以示自责和悔过。晋景公照办，三日后河道果然疏通。

王充指出：河道被土石壅塞就像人长了毒疮，是由于血脉不通。难道也可以用穿着丧服哭泣的办法来治疗毒疮吗？尧之时洪水泛滥。这样的灾害比河道堵塞更严重，也没听说尧用穿着丧服哭泣的手段来制服洪水。尧和禹治水依靠的是人的智慧和力量，不是忏悔和自责。如果说山崩是天应和人事的灾变，那么君主就应该马上改革政治。穿上丧服哭泣又能改变什么政事呢？实际上，阻塞的河道是自然疏通的。河水被阻之时，"山初崩，土积聚，水未盛"。三日后，因河道堰塞而蓄积的河水冲决了松散的土坝，沿着故道向东流淌。这是自然的力量造成的，不是上天的有意安排。即便晋景公哭泣之时河道疏通是真事，那也是人们的行动和自然的变化偶然巧合而已，与人心是否至诚毫不相干。

儒书称：曾子极其孝顺，因而能与母亲心灵相通。有一次，曾子外出砍柴，家中来了客人。客人打算告辞，曾子的母亲说："请稍等一会儿，他马上就回来了。"说完就用右手掐了一下自己的左臂。曾子的左臂立刻感到疼痛，随即赶回家问母亲："我的左臂怎么这么疼。"母亲说："今天来客人了，我掐手臂是叫你快回来。"由此可见，孝心可以感天动地。孝悌达到顶点就可以使子女与父母相互感应。

王充指出：这纯属无稽之谈。如果说曾母手臂疼痛，曾子的手臂就疼痛，那么曾母生病，曾子也会生病吗？曾母如果死了，曾子也会跟着死吗？考察历史事实，曾母先死，曾子却没有死。难道说手臂疼痛这样的小事情能互相感应，生老病死这样的大事情却不能感应吗？编造这类故事的人无非是要宣扬孝心可以感天动地。

各种自然物不能感应人类的精神

天人感应论和灾异谴告说的重要论据之一是各种自然事物可以感应人类的精神。在汉儒看来，日月星辰、风雷雨电、江河湖海、禽兽昆虫、城墙池水等都可以与人相感应。

儒书称：武王伐纣，兵渡孟津。"士众喜乐，前歌后舞。"恰在此时，狂风刮得天昏地暗、波涛汹涌、逆流而上。见此光景，武王大怒。他左手操黄钺，右手执白旄，向波涛和狂风挥舞，并喝令道："我在这里，天下有谁敢违背我的意志！"于是风雨停而波涛息，一切恢复常态。

王充指出：武王"麾风而止"的说法是虚妄之言。如果天与人可以互相感应，那么就应当同喜同怒。在这个故事中，"人喜天怒"，这就无法令人信以为真了。一些议论者认为风是

"天地之号令"。按照这种说法可以推断：如果武王伐纣是正确的，天就应当以风平浪静的方式保佑他；如果武王伐纣不正确，大风扬波就是天在发怒。武王不仅不检讨自己的罪过，反而怒目而视、大声呵斥，这种做法只能加重天的愤怒，风浪如何肯止？"夫风者，气也。"风雨乃自然形成，不会因为武王喝令便停止。武王既不能止雨，也不能止风。或许武王挥动黄钺、白旄，风浪恰巧停止。世人褒扬武王之德，于是声称武王能够止风。

儒书称：春秋时，齐国大夫杞梁战死沙场，他的妻子悲痛万分，对着城墙痛哭。杞梁妻"至诚悲痛，精气动城"，导致城墙为之崩塌。

王充指出：这是虚妄之言。若论哭声之悲哀，没有人能超过以善哭著名的雍门子。有一次，他向孟尝君哭诉，孟尝君为之呜咽抽泣。雍门子能感动孟尝君的心，却不能感动孟尝君的衣服。衣服不像人那样懂得忧伤。城墙是土构筑的，性质与衣服一样，怎能感受到悲痛而倒塌呢？对着草木哭，能"折草破木"吗？对着水火哭，能"涌水灭火"吗？草木水火与土无异，悲切的哭声显然不能使城墙崩塌。或许杞梁妻痛哭之时，恰巧城墙倒塌了。世俗之人好虚夸，不追究事情的真相，致使谬误流传。

儒书称：师旷奏《白雪》之曲，而神物下降、风雨暴至，晋平公因之手脚麻痹，晋国因而赤地千里。儒书又称：师旷的《清角》之曲，演奏一次有云从西北起，再演奏一次则大风骤起，大雨随之。

王充指出：三尺之木，数弦之声，可以感天动地、呼风唤雨，这种说法真是太神奇了！这又是"一哭崩城，一叹下霜"之类，不足为信。师旷初学之时必定经常练习，不止一遍两遍。如果儒书的说法属实，就应当经常刮风下雨。事实却并非如此。

世人传言：东汉初年任太傅的卓茂担任过缑氏县令。蝗虫有感于卓茂为人贤明至诚，为之不入县界。缑氏县因此而免遭蝗灾。

王充指出：这又是一种虚妄之说。贤明的人住在荒郊野外，蚊虫、牛虻也会进到他的屋里。蝗虫与蚊虫、牛虻同属一类，它们怎么能知道卓茂道德高尚、政绩卓著呢？或许有的人说蝗虫灾变与蚊虫、牛虻不一样，那么就以温寒为例吧。温寒也是灾变。如果一郡之地皆寒，即使贤者担任县令也不能使一县之地独温。蝗虫集群于野，有的地方多，有的地方少。蝗虫聚集之处未必是强盗所居；蝗虫稀少的地方未必是贤者所居。由此可见，蝗虫恰巧没有进入缑氏县，而卓茂的名声很好，于是世人便认为他能感动蝗虫。

王充坚持天人相分的思想。他认为，只有同类才能相互感动。能相知相感才能敬仰佩服。各种自然物不能感应人类的精神，人也不可能感动各种自然物。因此，各种用精诚感动日月、用威严遏制风暴、用痛苦感动城池、用贤明感动音乐的说法都是荒谬的。在王充看来，"日月行有常度"，"寒温自有时"，雨雪"皆由云气发于丘山"，自然界的种种变化有其自身的规律，不是上天的有意安排，更不是人们的精诚所至。"天地之有水旱，犹人之有疾病也。疾病不可以自责除，水旱不可以祷谢去"。

天象不会为人事而改变

天象能否对人世间的善恶作出反应，这是天为大神论与天道自然论争论的焦点。在《变虚》中，王充着重分析"荧惑守心"的天象，批驳汉儒有关灾变的一种说法。他明确指出：天象不会受人事的影响。

在古代人看来，"荧惑守心"是一种极其凶险的灾变。荧惑，即火星；心，即二十八宿中的心宿。荧惑守心，即火星运行到心宿。古代将天空的星宿划分为若干部分，并将地上的政治区域与之相配属。这些区域称之为"分野"。天上的星宿与地上的地域相对应。天上某一分野的星宿发生某一种变化，与之相对应的地区就会出现某一种吉凶祸福。例如，火星运行进入某个星宿，象征相应地域的君主将遭横祸。

儒书称：人间的一言一行，天都会知晓并作出相应的反应。因此，人能以行为感动天，就像鱼的游动可以振荡水一样。宋景公使星便是典型事例。春秋末年，星空出现"荧惑守心"的天象。宋景公十分惧怕，向太史子事问道："为什么会出现这种天象？"子事答道："火星代表天罚。心宿是宋国的分野。这种天象表明灾祸将降临在您的身上。不过可以设法将灾祸转嫁给国相。"景公说："国相是我的助手，这样做不合适。"子事又说："可以转嫁到百姓身上。"景公说："百姓死光了，我还统治谁呢？宁可我一个人死吧。"子事说："那就转嫁给年景吧！"景公说："收成不好，百姓必定因饥寒而死。做君主的想杀死百姓救活自己，还有谁肯支持我呢？看来我的寿命将绝，你不必操心了。"子事连忙后退几步倒地便拜，说："请允许我冒昧地向您祝贺。您讲了三句君主应该说的话，天必定会给您三次奖赏。今天晚上火星将移动三次，每一次经过七颗星星，一颗星星相当一年，三七二十一，所以您将延长二十一年寿命。如果我的预测不准确甘愿被处死罪。"子事的话果然应验。宋景公只说了三句善言便感动了上苍，不仅免除了惩罚，还延长了寿命。由此可见，"人能以行动天"。

王充抓住这个典型事例进行分析。他指出：按照灾异论的说法，火星进入某个星宿是因为相应地域的君主犯有罪恶。如果火星因景公有罪而运行到心宿，那么无论景公讲多少好话，也是徒劳无益。如果这种天象与景公的行为无关，那么无论景公怎么做也会丝毫无损。如果说三句好话便增寿二十一年，那么说上一百句好话岂不可得千岁之寿？做过无数好事的尧舜也不过常人之寿，桀纣一生作恶多端却都活了好几十岁，可见行善增寿的说法不可信。

王充又指出：火星的运动只是一种自然现象，有其运行的度数。子事通晓天文，知道火星的运动规律。为了显示自己的才能，他故意撒谎。历史上有过这样的先例。有一次，齐景公问太卜："你有什么本领？"回答是："能引发地震。"后来齐景公又问晏婴："人真的能引发地震吗？太卜说他有这种本领，可信吗？"晏婴微微一笑没有回答。晏婴从宫中出来遇到太卜，笑着对他说："从观测天象分析，这几天大概有地震吧？"太卜闻言，知道谎言被晏婴识破，赶忙跑入宫中，向齐景公坦白："我不能引发地震，地本来是自发震动的。"子事正是要了类似的花招。只可惜宋国没有晏婴这样博学多才的贤臣，不能拆穿子事的谎言。

王充进一步指出：汉儒以"鱼动水荡，人行而气变"论证天人感应，这是十分可笑的。一尺之鱼最多振荡数尺水面。即使像人那么大的鱼也不过激荡百步之内，一里之外依然水平如镜。人有七尺之躯，能量不如烧一鼎肉食的柴火，怎么能感动遥远的上苍？天是与人不同的物质实体。天象按照自然规律运行，人事是无法阻止的。"人不晓天所为，天安能知人所行？"

天气寒温不受君主喜怒的影响

汉儒宣称天气寒温是应和君主喜怒的一种天人感应。在《温寒》《变动》中，王充指出，"春温夏暑，秋凉冬寒"是四季的自然变化，"寒温，天地节气，非人所为"，因而天气的变化与君主的喜怒、政治的好坏毫不相干。

汉儒的重要论点之一是"人君喜则温，怒则寒"。何以证明？喜怒发于胸中，形于外表，成于赏罚。赏罚，是喜怒的效验，而天气极冷极热都会伤害动植物。

王充质疑道：君主喜怒时，连体温和温度都不受影响，怎么能影响整个自然界呢？君主的体温不会因喜怒变化，全国的气温又怎么会变化呢？战国时期，诸侯相互攻伐，战争连年不断。国与国之间有相攻之怒，人与人之间有相杀之气，当时天下并没有一直寒冷。尧舜时期，国泰民安，君主常乐，当时天下并没有一直温暖。难道喜怒之气与温寒之变只为小事而发，不为大事而动吗？帝王行为影响整个天下，诸侯行为影响他的管辖范围，百姓行为影响他的家庭。照此说来，家庭成员之间互相争吵时，整个屋内就应该有冷暖的变化，可实际情况并非如此。显而易见，人的心情好坏不能引起天气的变化。寒温不是人君喜怒造成的。

汉儒的重要论点之二是同类事物之间相互感应。就好像虎啸生风，龙腾致雨，彼此相应，如影随形。阳气与温暖、温和、恩赐同类，阴气与寒冷、冷酷、刑罚同类。君主高兴的时候态度温和，就会赏赐别人，阳气旺盛，温暖的气候与之相感应出现。君主发怒时冷酷无情，就会惩罚别人，阴气旺盛，寒冷的气候与之相感应出现。

王充指出：齐国和鲁国相连，季节应该一致。倘若齐国行赏，鲁国行罚，难道能使齐国温暖、鲁国寒冷吗？蚩尤和秦朝是滥用酷刑的典型，当时天下并不一直寒冷。春温夏暑、秋凉冬寒是自然界的规律变化，君主不可能进行干预。按照惯例，春天不动用刑罚，可是天气却依然乍暖还寒？春寒的时候，又施行了什么刑罚呢？由此可见，冷暖变化是天地节气所决定的，非人力所为。

汉儒的重要论点之三是"唯人君动气，众庶不能"。各种灾异是"人君以政动天"的结果。以政动天就像用锤敲鼓。天犹如鼓，政犹如锤，鼓声是天的应和。君主在人间施政，天上用不同的气应和不同的政治状况。

王充指出："寒暑有节，不为人变改也。"君主"以赏罚感动皇天，天为寒温以应政治"的论点是站不住脚的。天要下雨时，蚂蚁搬家，人的旧病复发，这是万物受天的影响的证明。天的变化决定着人和万物的变化，人的行为怎么能反过来影响天？人在大地间，就好像虱子、跳蚤在人的衣服里。虱子、跳蚤到处乱爬，却不能使衣裳里的气温改变？冷暖变化系于天地阴阳的变化，人事国政怎能左右它！人之于天好比手足之于心脏，心脏指挥手足。说天应和人事就像说心脏被手足指使一样荒唐。心情好坏、政治清浊，不能影响春暖、夏暑、秋凉、冬寒的自然规律。

雷电不过是一种火

在汉儒看来，天惩罚人的手段很多。例如，打雷就是惩罚"阴过"的举动。雷声隆隆是天震怒的吼声，被击死尸体上的焦煳是天刻画的罪状。对于这类说法王充一一予以批驳。

王充认为，打雷属于自然现象，电闪雷鸣并不是天在发怒。阴阳二气相激形成雷电。这就像把烧红的石头投入井中，石头灼热，井水寒冷，相互激荡，便发出巨响。又像把一盆水浇入熔化的铁水炉中，发出剧烈的轰鸣。雷电只是一种火，并不是神物。大火可以损伤树木、房屋，自然也可以伤人。电火灼热，击中人身怎能不死？被雷电击死的人毛发烧焦、皮肤焚毁，靠近死尸可以闻到一股烧烤的气味。这是肉体被火烧烤而留下痕迹。如果人是因为有罪被雷电击死，烧痕是天用来昭告罪行的文字，那么天应当把它显示得清清楚楚，不该模模糊糊让人费解。雷击留下的痕迹很模糊，显然不是天有意刻画的文字。

　　王充认为，人被雷劈死完全是一种偶然事件。把"人在木下屋间，偶中而死"说成是天神惩罚罪人，这是虚妄之言。人们说打雷是天发怒，降雨是天欢喜。可是常常有雷雨交加的现象。难道说天又生气又高兴？有时天只打雷，并不会毁物伤人，难道天也会无缘无故地发怒？如果是这样的话，天的行为不是很混乱吗？如果"天以雷雨责怒人"，那么雷雨也能杀死暴君。自古以来无道昏君很多，并不见天用雷雨去诛杀他们。这也证明雷雨纯粹是自然现象。

　　王充认为，把不洁净的东西给别人吃就会遭雷击的说法也是荒唐可笑的。给人吃不洁净的东西，这是微不足道的错误。天以至尊之身，亲自惩罚犯小错的人，这岂不有失身份？君主在处决恶人的时候，还会对他心生怜悯。天却对犯如此小错的人施以最严厉的惩罚，天不是太刻薄寡恩了吗？老鼠污染了人的食物，而天却不用雷电击杀老鼠。天能原谅老鼠，也应该能原谅人类。有人说因为人高贵，所以天对人类格外严格，其实不然。吕后迫害高祖宠妃戚夫人，断其手足，挖其双眼，丢弃到厕所，给她吃腐败的食物，称之为"人豕"。汉惠帝见后难过得大哭，从此重病不起。天却没有用雷击惩罚吕后。道士刘春迷惑楚王刘英，让他吃不洁净的东西。刘春也没有让雷劈死。无意中犯错的人被雷击死，故意给人腐败食物的却得到宽恕，上天办事怎么会如此悖谬？

汉代画匠描绘雷公的形象是这样的：左手拉着连鼓（连成一串的鼓），右手拿着鼓槌击鼓。据说，雷鸣是连鼓相撞发出的隆隆声；霹雳是鼓槌敲击发出的啪啪声。雷公以雷劈杀人是一边拉连鼓，一边举鼓槌，同时撞击造成的。

王充指出："夫雷，非声则气也。"声与气怎能构成连鼓之形？雷公没有落脚之地，他怎能击鼓？或许有人以此证明雷公是神。然而按照世人的说法，神恍恍惚惚没有固定的形体。如今人们却画出雷公的形象。雷公如果无形，就不能画出他的图像；雷公如果有形，就不能称之为神。有关雷公的传说是虚妄之言。

在大约两千年前，王充能以阴阳相激、雷电为火、偶然击人来解释雷击现象，这是很不简单的。尽管他的看法不太准确，却在一定程度上揭示了雷电的成因和雷击的实质。在当时的世界上，王充关于雷电原理的论述也是先进的。他为中国古代自然科学史写下了光辉的一页。

三、帝王并非真命天子

汉儒大肆宣扬谶纬之学、符瑞之说，以此证明"君权神授"。由于涉及皇权尊严，谁公开反对谶纬、符瑞之说，谁就有罢官杀头、株连九族的危险。王充以大无畏的精神，把批判的锋芒直指这类虚妄，剥掉了加在帝王身上的神圣外衣。

什么是谶纬？

谶纬之学和谶纬思潮是汉代重要的思想文化现象之一。谶纬之学以极端的方式展示了汉代经学的特质。谶纬思潮则是谶纬之学广泛传播的产物，它体现了统治思想和全社会普遍意识的某些特点。

谶纬是谶与纬的合称。谶，又称谶语、谶记、符命等，即预言吉凶的隐语；纬，又称纬书、纬侯等，即假托孔子所作的儒家经典解释。谶语的渊源可以追溯到先秦，而纬书则是由汉代经学派生出来的。

"诡为隐语，预决吉凶。"这是一种古老的迷信。形形色色的谶语不是编造的，就是附会的。方士们就尤为喜欢假托神示编造谶语。例如，方士卢生为了向秦始皇邀功请赏，杜撰《录图书》，其中有"亡秦者胡也"的谶语。当时匈奴是秦朝最大的边患，北方少数民族又统称为"胡"。秦始皇赶忙派人率兵防范匈奴。秦朝没有亡于匈奴之手，却败坏在秦二世胡亥之手。于是这件事成了谶语灵验的证据。在当时的历史条件下，以天命神示、圣人预言影响舆论，确实可以迷惑很多人。汉儒信奉天人感应论。他们致力于收集、整理、拼凑、论证、附会、解说谶纬，把谶文纬书作为一种学问来研究。这便是谶纬之学。

广义而言，纬书指各种混杂谶文及术数的书；狭义而言，纬书特指附会"六经"及《孝经》的"七经纬"。纬书是由汉儒编造的。它依据天人感应论来解释、演绎、附会儒家经典，往往假托孔子之言。"纬"相对"经"而言，每一部经书都有相应的纬书。据有人统计，纬书共有三十六种之多。如《诗纬》有《泛历枢》,《书纬》有《考灵曜》《帝命验》《刑德放》,《易纬》有《乾凿度》《稽览图》,《礼纬》有《含文嘉》,《春秋纬》有《演孔图》《文命道》《保乾图》,《孝经纬》有《援神契》《钩命诀》等。纬书是经书的衍生物,所以纬的出现比谶要晚得多。从现存文献看,纬书见于记载是汉成帝年间的事。

严格地说,谶与纬并非一类。但是,纬书必须编造谶文预言才能显得更神圣,谶语必须依傍儒家经义才能更令人信服。于是二者逐渐合流,很难严格区分。记载和研究谶纬的书往往有图解、有说明,所以又称"图书""图纬""图谶"。谶纬大讲望侯星气与灾祥等,所以又叫"纬侯"。

谶纬之学是以董仲舒为代表的今文经学沿着自设逻辑向前推进的必然产物。董仲舒宣扬天人感应论,假借符命树立帝王权威,又借灾异劝诫君主,从而为谶纬思潮推波助澜。汉代著名今文、古文经师多通谶纬,相信谶纬的儒者更是不胜枚举,一些人甚至视谶纬为经典,因此经学与谶纬之学难分难解。谶纬之学进一步为儒家经典和孔子思想注入神性。谶纬之学是汉代经学一种粗俗怪诞的流变,又反过来进一步强化了经学的神秘色彩。

谶纬之学的影响具有大众化的特点。谶纬的核心内容是政治思想,主要讨论"受命之符""皇道帝德"等天下治乱、国家兴衰、政教得失、君臣离合等。纬书、谶文大多涉及最为敏感的政治权力合法性问题,因而受到朝野上下的广泛关注。最高统治者、朝廷百官和社会大众大多迷信谶纬。在两汉之际的改朝换代过程中,解释图谶、预言革命、论证符命、判定王者的谶纬之学大为盛行,汇聚成一股波及全社会的政治思潮。

皇帝信谶、造谶、编谶

一种思想一旦成为官方学说，一种思潮一旦获得皇帝认可，必然红红火火、遍地流行。皇帝信谶、百官信谶、百姓信谶，于是天谴、图谶、符瑞之说几乎成为全社会的信仰。

西汉末年，政治动荡、人心离析，许多人认为一场改朝换代即将来临。甘忠可伪造《天官历·包元太平经》，四处扬言："汉家气数已尽，必须再次受命于天。天帝为此派真人赤精子下界，教导我如何使汉朝再受命。"汉成帝闻知，以"假鬼神罔上惑众"的罪名将其处死。到汉哀帝时，连皇帝本人也感到刘氏政权岌岌可危，于是派人把甘忠可的弟子夏贺良请来，演出了一场"再受命"的闹剧。"再受命"并没有使政治出现转机，却使"汉历中衰"的思想广为传播。王莽篡汉就是利用了人心思变的社会形势。

篡权必先造舆论，造舆论必先造符命。王莽利用权力为谶纬之学大开绿灯，先是以朝廷名义征召精通图谶的人做官，接着授意制造有利于自己的谶文。汉平帝元始五年（5），有人淘井得到一块白石，上有丹书大字："告安汉公莽为皇帝。"孺子婴居摄三年（8），宗室刘京上疏已经担任"假皇帝"的王莽，说："齐郡临淄县一个亭长，梦见一个人自称是天的使者，天命他向人们宣布：'摄皇帝当为真。'"一条又一条关于王莽受天命的谶文、符命被人们编造出来。于是王莽以顺从天命为借口登上帝位，建立新朝。即位后，王莽便下令让五威将王奇等十二人汇集各种谶文，删去不利于新朝的，加以统一的解释编成《符命》一书。它是有史记载的第一部由朝廷公布于天下的图谶。《符命》四十二篇，一言以蔽之：王莽理应代汉。

谶纬实质上是一种政治谣言。王莽可以利用，其他人也可以利用。王莽自命土德，土德的"受命之符"是黄龙，于是他编造了许多在各地出现黄龙的谣言。反对派则以同样的手段反击他。有的人说：根据谶文，火德并没衰亡，汉朝将复兴。有的人说：土德也快完了，金德将代替土德。天凤三年（16），有人传言一条黄龙摔死在黄山宫中，人们奔走相告，前往观看的人有数万之众。王莽闻知心里很别扭，下令抓了很多人也没能查出谣言的来源。

在群雄逐鹿中，刘秀也是利用谶文感召群众、聚集豪杰，确立了政治上、舆论上的优势。预言刘秀将为天子的谶文很多，主要有二条：一条是"刘秀发兵捕不道，卯金修德为天子"；另一条是"刘秀发兵捕不道，四夷云集龙斗野，四七之际火为主"。这两条谶文的大意是：有个名叫刘秀的人将率兵讨伐大逆不道的人，他将在中原逐鹿中取胜，并于汉高祖创立汉朝之后二百四十八年重建汉朝政权。许多人相信谶文认定刘秀必胜就纷纷投靠他。一些割据势力也效仿这一套。盘踞在蜀郡的公孙述自称皇帝，公然与刘秀对抗。他引证谶文"废昌帝，立公孙"，"西太守，乙卯金"释为应当由一位姓公孙在西方称帝并为金德的人坐天下。他奉劝刘秀乖乖让出皇位。刘秀则写信反驳说，"立公孙"是指当初立汉武帝的孙子为汉宣帝，"乙卯金"是指由一位姓刘的人在乙未年称帝。

图谶帮了刘秀的大忙，他自然迷信这一套。于是定制、立法、用人、施政处处尊奉谶纬。桓谭以"谶纬非经"谏止皇帝险些掉了脑袋。汉光武帝还令人编成八十一篇的纬书定本，"宣布图谶于天下"。汉明帝令东平王刘苍订正"五经"章句，解释皆从谶文的说法。汉章帝在洛阳亲自召开白虎观会议专门讨论"五经"异同。会后由班固编成《白虎通义》，把谶纬之学纳入官方学说。

谶文应验不可信

王充指出：所谓谶文应验的故事都是不可信的。谶文应验有几种情形，有的曲解前人的话语，有的牵强附会，有的纯属凭空捏造，有的则是偶然巧合。许多符合常理的判断往往与后来发生的事有一定程度的契合。例如，汉高祖封他的侄子刘濞为吴王，送行时拍着刘濞的后背说："汉朝立国后五十年，东南方有造反叛乱的，难道是你吗？"到汉景帝时，晁错建议削藩。吴王刘濞联合楚、赵等七国，借口"请诛晁错，以清君侧"发动了叛乱，史称"七国之乱"。乍然一看，似乎汉高祖的谶言应验，其实这完全是偶然巧合。事情可能是这样：大臣们曾提醒刘邦防备边远地区有人叛乱。他心里有这个顾虑，见刘濞年轻、勇猛，封地又恰好在边远的吴地，便随口说出了那几句话。这类例子还可以举出很多。西周初年分封诸侯，周公的封地是鲁国，姜太公的封地是齐国。姜太公见周公奉行"亲亲上（尚）恩"政策，任用贵族子弟当政，便由此推断鲁国后世必有公族强大之忧。周公见姜太公奉行"尊贤上（尚）功"政策，任用有才能的人当政，便由此推断齐国后世必有权臣当政之祸。结果两种不同的用人方针果然招致了两种不同的祸乱。许多谶文应验故事与此相似，毫无神秘可言。

王充认为，有些被认为是谶语应验的现象纯属妖气作怪。例如，《史记·赵世家》有这样一段记载：有一次，秦穆公连续昏迷了七天，醒来后告诉大夫公孙支说："我到上帝那里去了一趟。上帝预言，晋国将有大乱，五世不得安宁。接下来会出现一位称雄天下的霸主，这位霸主的儿子是一个荒淫无耻的君主。"公孙支赶忙把这个预言记录在案。这就是著名的"秦谶"。后来晋献公宠爱骊姬,逼死太子申生,立骊姬子奚齐为太子,他的两个儿子重耳、夷吾被迫逃亡。献公死,奚齐被杀,夷吾回国做了君主,即晋惠公。惠公死,怀公立,不久又被杀。重耳回国重整河山,晋国复兴,在城濮之战大败楚军。重耳就是春秋五霸之一的晋文公。文公死,灵公立。晋灵公果然纵淫无度,骄奢专横。"赵氏孤儿"的故事就发生在此时。"秦谶"可能是事后编造的,却被人们视为谶语灵验的证据。

有个传说与秦谶相似:晋国大夫赵简子生病,昏迷了五天五夜不省人事,医生皆束手无策。又过了两天,赵简子苏醒过来。他对大夫董安于说:"我到上帝那去了,与百神筵宴游玩,乐曲雄伟壮丽,动人心扉,万人齐舞,快乐无比。突然,有一只熊要抓我,我奉上帝之命把它射死了。又有一只罴要攻击我,我又把它射死了。上帝非常高兴,赐给我一只翟犬,嘱咐我'等你的儿子长大后,把这只犬赐给他'。上帝还告诉我:'晋国要衰败了,七世而亡。我现在感念舜的功劳。要将他的后裔的女儿孟姚许配给你的七世孙。'"董安于赶紧记录下来。一日,有一个人挡住道路,怎么也驱赶不走,声称要面见赵简子。赵简子见到他后,高兴地说:"我见过你。"那人说:"你生病时,我就在上帝的旁边。"简子问:"帝让我射死熊和罴是什么意思?"那人说:"熊和罴是晋国大夫中行文子和范昭子的先祖,你将要消灭他们。"简子又问:"为什么上帝嘱咐我把翟犬赐给我的儿子?"那人回答说:"翟犬是代国的先祖,预言你的儿子将占有代国。你的后代还将改革政治,穿胡人的衣服。"说完,那个人就不见了。公元前490年,赵简子打败中行文子和范昭子。公元前457年,赵简子之子赵襄子诱杀代王,攻占代地。赵简子的七世孙赵武灵王娶了舜的后裔吴广的女儿。他实行胡服骑射增强了国力。许多人也将此作为谶语应验的证据。

在王充看来，这类故事被许多人视为预言应验的证据，其实都是妖气作怪，属于预示国家或个人吉凶的一种"妖象"。这种解释虽然并不正确，而在当时的条件下却具有破除谶纬迷信的作用。

什么是符瑞？

与谶文相伴而行的是符瑞、符命。谶文也是一种符命。所谓符瑞、符命，即帝王代兴、君主有德、太平盛世的吉祥征兆，被视为上帝宣布天命所归的一种方式。符瑞大多以一种神奇的动物、植物、光芒、云气出现，又称祥瑞、瑞物、佳瑞之气等。简言之，符瑞是有关帝王及其政治的吉祥物，即帝王之符、受命之符。

符瑞文化源远流长。从《尚书》《诗经》中的有关材料看，以凤鸟、河图等为符命的观念早已产生。古代君主都假借符命树立权威。凤凰、麒麟、河图、洛书之类则是很早就通用的祥瑞。战国以降，这类思想系统化、理论化。《论语》言及祥瑞，孔子将"凤鸟""河图"视为王者之瑞，还将"凤鸟不至，河不出图"作为世道混乱的征兆。阴阳家对此贡献颇多。《吕氏春秋》等也多有论述。

许多符瑞与"五德终始"说有关。其基本思路是：金、木、水、火、土等"五德"支配着政治的变化。五行相克是决定王朝兴灭更替的法则。每个王朝都由一种"德"支配。例如，舜"以土德王"，禹"以木德王"，汤"以金德王"，周文王"以火德王"。五行之德循环往复。一种"德"终将被克它的"德"所代替。例如，代周而兴者将"以水德王"。王朝更替之际，一德已衰，一德方兴，自然界必然出现相应的征兆。诸如黄帝土德有黄龙现身，夏朝木德有青龙上树，商朝金德则银山自溢，周朝火德有赤鸟之符，而秦文公猎获黑龙则是水德之瑞。这类现象被视为帝王将兴的征兆，故称之为符应、符瑞、符命。

最早把这种思想整理成系统理论的是战国时代的阴阳家邹衍。他预言火德已衰，周朝必亡。这种说法使梦想统一天下的战国七雄备受鼓舞。秦始皇完成统一大业，他依据"五德终始"说，推定秦朝是"水德王"，以此论证自己是真命天子。水德尚黑，因而朝服、旗帜一律用黑色。水主阴，阴主杀，因而用严刑峻法治国。汉朝之初，采用取代周朝火德的水德，后来又以周的继承人自命，依火德规范制度。董仲舒把阴阳家的"五德终始"说纳入儒学。这是汉代官方思想的重要组成部分。

在汉代，符瑞对政治文化有重大影响。统治者竞相利用符瑞树立权威、稳固统治。于是有关祥瑞的记载越来越多。某地出了一块美玉，某地无云而打雷，某地雨后出现长虹，某地麦杆上长出多个麦穗等等，均被视为祥瑞。每个皇帝都宣称有祥瑞降临。例如，武帝时期，先后出现过麒麟、飞马、宝鼎、芝草、群鸟等祥瑞。宣帝时期，凤凰、白鹤、白虎、五色雁、黄龙、神爵等祥瑞现象出现的次数更多，仅凤凰就出现了五十多次。王莽统治时期，五年之中竟出现了七百多项祥瑞。汉光武帝时期，京师有醴泉涌出，又有赤草生于水崖，各地频频上报有甘露降临等等。上有所好，下必效之，符瑞迷信弥漫到整个汉代社会。

符命和灾异相反相成，在思想形式上都表现为神秘的预言，所谓"帝王之将兴也，其美祥亦先见；其将亡也，妖孽亦先见"。但是，大讲灾异有非议君主之嫌。为了逃避灭顶之灾，人们纷纷制造、进献、歌颂祥瑞。在多数的情况下，皇帝也乐于搜集和宣示其统治期间出现的各种祥瑞现象。正是在这种背景下，符瑞之说进一步系统化、理论化。

凤凰、麒麟都是稀有的动物

在《指瑞》《讲瑞》等篇中，王充指出：凤凰、麒麟等符瑞是"天之所为"的说法十分荒谬。史书上确有不少关于凤凰、麒麟出现的记载，但其真实性早就有人提出过怀疑。从博物学所积累的知识看，自然界中根本没有凤凰、麒麟之类的动物。按照画上的图形来考察，根据古今文献记载来验证，所谓凤凰不过是一种羽毛鲜艳的野鸡；所谓麒麟，无非是一种独角的獐鹿。它们很稀少，但毕竟只是一种动物。王充认为，各种被视为符瑞的动植物是自然界中的"常有之物"，与其他动植物一样生活在大地之上，只是世人罕见而已。人们见到"五色之鸟，一角之兽"，很容易误以为是凤凰、麒麟。符瑞的出现有时恰巧与人间的吉事相通，这完全是一种偶然，并非上天有意的安排，更不是对贤君的嘉奖和保佑。

汉儒认为，凤凰、麒麟是感应太平盛世而出现的瑞物，它们聪明智慧，"思虑深，避害远"，能自觉执行上天赋予的使命。君主贤明、天下太平，它们便纷纷出现；君主昏庸、天下将乱，它们就远远隐去。由此可见，凤凰、麒麟有躲避灾难、保全自己的能力。

王充反驳道：凤凰是"鸟之圣者"，麒麟是"兽之圣者"，圣人是"人之圣"。周文王、孔子都是圣人，他们品德高尚、忧国忧民，而文王曾被纣王囚禁，孔子曾遭群人围困。圣人不能使自己免受灾难，而凤凰、麒麟却能保全自己。难道鸟兽的操行比圣人还要好？据《春秋》记载，鲁国有人捕杀了一头麒麟。如果说麒麟能够避祸，它怎么会在鲁国被人杀死？儒生称颂凤凰、麒麟的德行，结果却使人有一种圣人不如鸟兽的感觉。夸大其词、虚增附会的结果是弄巧成拙。

汉儒认为，"凤凰、麒麟，太平之瑞也"。符瑞是圣人出世、泽及鸟兽的瑞应。只有太平之世它们才会降临。唯有君主具备圣人的道德才能招致祥瑞出现。

王充指出：据记载，汉宣帝时凤凰出现过五次，麒麟出现过一次，神雀、黄龙、甘露、醴泉也出现过。如果它们只为圣王而出，那么汉宣帝就是圣人。汉宣帝不是圣人，它们为什么也会出现？汉成帝、汉哀帝时期天下乱而凤凰至。当时汉光武帝刚刚出生，显然不能将凤凰作为太平的征兆。儒者颂扬圣人太过分，赞扬凤凰、麒麟也言过其实。

据说，武王伐纣渡黄河时，有一条白色的鱼跳进船舱；渡河后又有一团大火落到他的屋顶上，变成一只红色的乌鸦。汉儒认为，鱼类是水中的精灵，白色是商朝崇尚的服色，乌鸦是"孝鸟"。周朝为火德，尚红，讲究孝道。先得白鱼，后得赤鸟，意味着火德将取代金德。白鱼、赤鸟是周武王的"受命之符"。

王充指出：汉儒渲染盛世而言过其实。鱼从河中跃起，武王的船正好与它碰上，并不是白鱼知道武王有德而自愿跃入他的舟中。火焰偶然呈现乌鸦的形状，恰被武王抬头看见，并不是乌鸦知道周朝当兴而主动落在武王的屋顶。有一次，夏王孔甲出外打猎，忽然天色晦暗风雨骤至。孔甲赶忙躲入一家民宅，恰巧碰上这家的主妇生小孩。有人说："君主亲自光临，这个孩子将来一定会大富大贵。"有人则说："一个毛孩子怎么承受得起君主亲临驾到的福气，他将来必有大灾大难。"实际上，孔甲入民宅不过是由于偶然遇雨而来，并不是预先知道老百姓家将要生孩子。既来之后，人们各自作出预测，便出现了两种说法。符瑞的降临与此完全相同。只因人们不常见到，少见多怪，便牵强附会为"符瑞"。况且"鸟兽之知，不与人通"，凤凰、麒麟之类的动物不比人聪明，它们的思想无法与人沟通，怎么能知道国家政治是清明还是腐败呢？儒生认为"凤凰有知，应吉而至"，这是十分可笑的。

瑞应之说"溢美过实"

汉儒认为，瑞物出现是应和太平盛世的吉祥征兆。被儒家列为瑞物的东西形形色色、千奇百怪。诸如朱草（一种茎叶皆红的草）、醴泉（甘甜清冽的泉水）、祥风（和煦的风）、甘露（甘甜的露水）、景星（一种亮度不稳定的变星）、嘉禾（生长得特别茁壮的禾苗）、萐脯（一种据说能自动扇凉食物的草）、蓂荚（一种据说一看便知日期的草）、屈轶（一种据说能自动指示伪善者的草），又如"山出车，泽出马"（深山里出现神车，大泽中出现神马）、"男女异路，市不二价"（男女不并肩而行，交易不讨价还价）、"风不鸣条，雨不破块"（风不使树枝发声，雨不致冲坏土块）、"五日一风，十日一雨"等等。

王充指出：这些瑞应有的未必实有其物，如萐脯、蓂荚、屈轶；有的言过其实，如"男女异路，市无二价"；有的根本不可能出现，如"五日一风，十日一雨"。至于那些能指出谁是伪善者，谁是罪人的神草、神兽，世上根本"无有此物"。汉儒论说凤凰、麒麟等个体庞大的祥瑞尚且夸大其词，他们对各种小祥瑞的描述显然是虚增附会的。

按照汉儒说法，萐莆是感应太平盛世而生的一种瑞物。这种神草生于庖厨，形似蒲扇，摇鼓生风，可以"寒凉食物，使之不臭"。

王充指出：天能够生出萐脯，为什么不能让五谷自己生长，炉灶中的火自己燃烧，饭自己煮熟，却要人耕种、烧火、做饭呢？天生出萐脯为食物扇凉风，为什么不能使食物自身就不腐败呢？厨房中能长出萐脯，为什么还要挖掘冰窖冷藏食物呢？萐脯要有风才能摇动，那么风本身就可以吹凉食物了，何必还要萐脯呢？这都是儒家杜撰出来的。

按照汉儒的说法，屈轶是一种能自动指出巧言献媚的伪善者的神草。天下太平时，这种草生于殿堂的台阶下。在圣王临朝时，屈轶就会指出谁是奸佞之人，使圣王有所察觉。

王充指出：不直接使圣王生来就能识别奸人而多此一举，天难道不嫌麻烦吗？上古司法官审案，需要仔细听取双方的申诉，费尽心思地分析案情、辨别是非，判决以后还要等三天才能定案执行。上天何不让屈轶直接指出有罪的人，省去人断案的辛劳呢？儒经上说"知人则哲"，就连舜都感到很难做到这一点。屈轶只是一种草，怎能识别人的善恶贤愚？实际上，"太平无有此物"。倘若真如汉儒所言，那么草木的智慧就超过了圣人。

按照汉儒的说法，觟䚄是一种独角神羊，天生就能识别有罪的人。如果审理案件时遇到被怀疑有罪而又缺乏证据的人，就让觟䚄来判断。它用独角触有罪的人，无罪则不触。这种"一角圣兽"是天有意生下来的，也是一种瑞物。

王充指出：觟䚄不过是一种长相奇特的动物，它怎么能判定有罪无罪呢？与屈轶一样，这种神物是统治者利用人们畏惧神怪的心理编造出来的，目的是神化法制、威吓民众，让人们不敢违法。把它说成是"圣兽""瑞应"，纯属无稽之谈。当年姜太公率军攻打纣王，来到黄河渡口孟津。他擎起象征权力的斧钺和用牦牛尾装饰的大旗，下达命令说："仓兕。"据说，仓兕是一种善于撞翻舟船的怪兽。黄河之中常有奇异的动物时隐时现，长得奇形怪状。这些动物未必能倾覆舟船。姜太公为了使军队尽快渡河，有意假借神兽恐吓士兵，以便加快划船速度。"鮭鱼之触罪人，犹仓兕之覆舟也。"这类说法都是为了治理民众而编造出来的。

王充把"受命之符"和"盛世祥瑞"视为平凡的鸟兽草木、罕见的自然现象和编造的神奇故事，这就扫掉了许多罩在帝王身上的神秘灵光。

帝王并非"奇吉之物"的后代

汉儒千方百计为君主蒙上神秘色彩。其中最常见的做法就是将帝王说成是天生贵种。儒家崇奉的圣王都有神圣的血统和奇异的体征。如舜每只眼中有两个瞳孔，禹的毛发长在后脊梁上，汤的左脚是扁片形的，周文王长着四个乳头和一双超常的大脚等。最为流行的说法是帝王乃龙种，或是龙的化身，或是龙的子孙。

汉儒编造了许多帝王为龙子龙孙的神奇故事。例如，尧的母亲庆都一次到野外游玩，遇见一条赤龙来同她交配，因此怀孕而生下了尧。又如，有一次，刘邦的母亲躺在太湖边休息，睡梦中觉得有神同她交合。当时雷电交加、天昏地暗，刘邦的父亲不放心，跑过去一看，只见有一条蛟龙盘绕在妻子身上。因此，刘邦是龙的后裔。由此可见，尧和汉高祖"禀精于天"，是天神用"吉奇之物"产生的后代，天生就该做帝王。

在《奇怪》《龙虚》中，王充指出：这一套全是虚妄之言。

人是万物中的一种。即使贵为帝王仍然是人。人是不能同人以外的东西交配的。世间万物"自类本种"。凡是动物，雌雄之间都是同类相配，何曾见过公马配母牛，雄雀配雌鸡？异类不能相合，龙和人是异类，龙怎么能向人施放精气呢？如果尧和汉高祖都是其母与龙交合而生的，那么应该与龙的模样相像，本领相当。龙能腾云驾雾，而尧和汉高祖为什么不能飞升云天？可见这是无稽之谈。

王充质问道：天地之性人为贵，龙比人贱，为什么贵为人类不神，反倒是龙为神？他借助关于古生物的各种记载，论证了龙不过是鱼鳖之类的水生动物，属于"可畜""可食"的鳞虫类，根本不是神物。从史书的记载看，古代曾专门设有饲养龙、屠宰龙的官员，人们用龙肝凤髓烹制佳肴美味。如果龙是神物怎么能容忍人们豢养它、杀死它、吃掉它呢？王充还以汉代帝王为例，大胆地提出质问：如果说帝王都是"吉奇之物"的后代，难道汉光武帝出生时出现凤凰、嘉禾等瑞物，就可据此断言汉光武帝是凤凰、嘉禾所生吗？

今天的人们或许会问：汉儒公然宣扬帝王的母亲私通滥交，难道不怕皇帝处罪吗？请不必担心，因为当时的人们普遍相信"圣人皆无父，感天而生"。这种说法出自儒家经典《公羊传》。社会大众普遍相信圣贤王者皆有感生之异。其中最为流行的感生之异是把圣人、帝王说成龙种。因此，帝王们都喜欢把自己说成是神的产儿、龙的子孙。有些谣言就是他们本人制造出来的。汉高祖公开宣扬：我是母亲同神龙交合的产儿，不信你就看看我这张脸，"隆准（高鼻梁）而龙颜"，再看看我的左腿，上面有七十二颗黑痣，何况我睡觉的时候身上还常常有龙时隐时现呢！这些话都堂堂正正地记录在《史记》《汉书》上。《史记》还算是私家著作，而《汉书》是钦命编修的官方正史。如果不是他刘氏自家宣扬，谁又能知道刘邦的母亲同龙的这段风流韵事呢？谁又敢说堂堂的开国皇帝是龙的私生子呢？为了神化孔子，汉儒也曾不加掩饰地描述孔子的母亲野合私通而生下孔子的经过。神圣者必是神种。在当时的文化观念中，母亲梦龙、野合生子是荣耀而不是羞耻。

王充不仅否定了关于汉高祖的神话，而且对汉光武帝出生时室内生光的神话也进行了批驳。他揭露帝王是龙子龙孙、天生贵种的谎言，指名点姓地否定汉家皇室是神胄龙裔的说法。如此大胆的言论展示了王充敢于坚持真理的可贵精神。

"帝王不是神"。这个命题对于热衷造神信神的人们，无异于当头一棒。神化君主是许多迷信神话的根源，拔掉这面神旗，其他的妖魔鬼怪就不难对付了。

第4章

揭露鬼怪神仙、方术禁忌的虚妄

为了维护统治秩序，统治者不仅乞灵于神祇，还乞灵于鬼怪。世俗中，各种鬼怪神仙之说、方术禁忌之谈也大行其道。在揭露各种迷信的过程中，王充提出了比较系统的无神论，作出了重大的理论贡献。

一、"人死无知，不能为鬼"

人死为鬼，作祟害人，这是许多迷信活动的重要依据，也是有神论的重要支柱。王充针锋相对，明确指出"人死无知，不能为鬼"。他的理论论证超越前人，对后世也有重大影响。无鬼论是王充思想中最富战斗性的内容之一。

鬼是人们主观臆造的产物

人死之后，能否为鬼？人的精神能否脱离肉体而存在？灵魂是否永恒不灭？这是千百年来有鬼论与无鬼论长期争论的焦点之一。汉儒、方士认为，人的肉体是僵化的没有生命的。只有灵魂注入肉体人才有生命。灵魂是永生的，它可以脱离肉体而单独存在。人死时，灵魂脱离肉体而去，这就是鬼。死鬼与生人一样，有知觉、有感情，懂得报恩报怨。王充则认为，鬼是人们主观臆造的产物。他系统阐释人、形体、精神、生命之间的关系，论证了"人死无知，不能为鬼"的观点，有力地驳斥了灵魂不灭的思想及各种神鬼迷信。

基于万物自然发生论，王充把人看作是自然的产物，是天地合气的产儿。他认为人也是一种物，其他生物也是物。如果说人与万物有差别，那么仅仅在于人是万物之中最有智慧的。既然动物、植物死了不能变成鬼，人死了也不会变成鬼。气是构成万物的元素，阴气构成人的骨肉，阳气构成人的精神，所以阳气又称为精气。人活着要靠精气，人一死精气便消失。能够维系精气的是血脉，人死则血脉枯竭，精气随之消灭，形体也就腐朽而化为土灰。没了精气、骨肉、形体，又靠什么为鬼作伥？

王充指出：持有鬼论的人说鬼是死人的精神。如果真是如此，那么鬼都应当是裸体的，因为衣服不是精神，而死人的衣服又早已腐烂了。世人所传言的鬼都穿着衣服，这也证明鬼是人们编造出来的。"天下无独燃之火"，不可能有脱离一切可燃物体而单独存在的火焰，怎么可能有脱离形体的精神呢？人死就像火熄灭了。火一旦熄灭就永远失去了光亮；人一旦死去就永远失去了知觉。人睡觉时便无知无觉，人死如同永睡不醒，怎么会有知觉？人没有耳目就变成聋哑盲瞎，感觉不到声音和光明，死人何止是没有耳目！因此死人如同草木毫无知觉，更何况形体朽败不堪、形神俱灭呢？在王充看来，"鬼"是"归"的意思，即复归元气；"神"是恍惚无形的意思。人死形灭，复归元气，所以称死人为"鬼神"。

王充善于运用生活常识批驳有鬼论。他指出：世间常有形同冤家的夫妻。由于一方或双方淫乱无节，他们彼此争吵不休，甚至导致一方死亡，另一方再婚。如果死人果然有知觉，那么闻知对方再婚必然愤恨不已，绝不让对方安生。可事实是，世上再婚的人很多，而他们平安无事。这足以证明鬼是不存在的。人死无知，更不能祸害人。

王充机智地揭露了有鬼的谬论。他指出：有人声称枯骨在荒野发出的声响，恰似夜间听到人的哭声，这是死鬼的声音，其实不然。自然界中发声的物体很多，有些来自死骨之侧，人们便误以为是鬼在野外呻吟。如果真的是鬼哭，那可不得了。荒郊野外、林莽草泽，没有埋葬或暴露出来的尸骨不计其数，岂不是每走一步都会听到鬼哭。自从开天辟地产生人类，正常死亡和横死夭亡的人数以亿万计。如果人死为鬼，那么道路之上，岂不是一步一个鬼。人们所见到的鬼，岂不是数百成千上万，乃至满街满巷到处是鬼。果真如此，人还能在这个世界上生存吗？

王充进一步分析了有鬼的认识论根源。世界上明明没有鬼，为什么有人会觉得有鬼呢？实际上，鬼不是人死之后的灵魂，而是人的思念、存想、恐惧招致的幻觉。人在患病、睡觉、精神失常时常见到鬼，这是由于人的感官识别四周事物的能力降低而产生的精神现象。所谓"见鬼"，多与疾病有关。迷信而又久病之人，病情越重就越怕死，越怕死就越怕鬼怪作祟。胡思乱想、精神恍惚，便会虚幻地看到鬼的身形，听到鬼的声音，梦到鬼的骚扰，甚至觉得鬼压在自己身上。病痛折磨便以为是鬼用棍棒皮鞭抽打他，甚至感觉好像鬼拿着索链站在身旁索命。这完全是精神作用。人见到鬼的原因是疾病，使人死亡的原因还是疾病。人死并不是鬼害的，而是由人本身的因素造成的，这就像国家灭亡的原因是战争而不是鬼妖作怪一样。

有鬼论的例证无法成立

历史上流传下来的各种有关鬼神祸福的故事是有鬼论者振振有词的依据。许多人死为鬼，兴风作浪、报恩报怨的故事不仅流传于民间，而且记载于经典、史书。在《死伪》等篇中，王充运用事实和生理常识进行类比推论，对鬼神故事中广为流传的事例逐个剖析，予以"细说微论"。他根据同样的记载，推出与有鬼论相反的结论，揭示了有鬼论的逻辑困境。

据说，楚成王想废掉太子商臣。商臣闻讯，率亲兵包围了王宫，责令父亲自杀。楚成王最喜欢吃熊掌，于是提出再让他饱食一顿熊掌然后赴死。商臣担心时间拖延情况有变，借口熊掌难熟拒不答应。楚成王被迫自缢而死。君主死后要根据他的生平事迹，给一个具有褒贬意义的称号，叫做"谥号"。起先议定的谥号是"灵"。这个字通常应加在昏君头上，如卫灵公、晋灵公。结果楚成王的尸体双目圆睁不肯合上。迫于无奈只得改为"成"。于是楚成王双眼悄然闭合，灵魂安然离去。这个故事是有鬼论者证明人死后有知觉的依据之一。在他们看来，谥为"灵"，楚王心怀怨恨死不瞑目；改为"成"，他才瞑目而去。死尸能够知晓人们正在议论他，这证明人死有知觉。

王充指出：历史上谥为"灵""厉""幽"的暴君为数甚多，为什么唯独楚成王有这种怪事？看来人死不为鬼，无法知道世人如何评价他的生平。楚成王身强力壮却被吊死，所以刚死之时双眼未闭。恰好此时，朝堂上正在围绕他的谥号问题议论不休，待到改谥为"成"时，死尸的双眼刚好自闭。这纯粹是偶然巧合。如果楚成王死后果然有知，他应当死不瞑目，永远不合上双眼。儿子杀害父亲，臣子杀害君主，这是很大的罪恶，加个难听的谥号仅仅是个小过错。不为深仇大恨而双目圆睁，却为谥号一会儿睁一会儿闭，这不恰好证明死尸没有什么神灵可言吗？

据说，晋国的魏武子有一爱妾。她年轻貌美，十分受宠。这个妾没有生孩子。按照习俗、礼仪，丈夫死后，凡是没有子女的妾必须一同殉葬。魏武子病重之时，出于对爱妾的怜悯，一再叮嘱儿子们："我死之后，务必把她另嫁别人，不要让她为我殉葬。"临终前他又改了口，说："你们一定要让她给我殉葬。"魏武子去世后，其子魏颗没有让这个妇人殉葬，而是把她嫁给了他人。许多人因此指责魏颗不遵父命，不依风俗。魏颗的解释是："父亲的遗嘱前后自相矛盾。前一个嘱咐是他神志清醒时说的，后一个吩咐则是他弥留之际神智迷乱时说的。我遵从了父亲的前一个遗嘱。这个遗嘱是父亲真正的心愿，也合乎情理。"后来，晋秦交兵，魏颗的对手是闻名盖世的秦国大力士杜回。两人交手之时，魏颗看见有一位老人飞速地把地上的草编结在一起。杜回冲上前来，不留神被草绊倒。晋军一拥而上捉住了他。夜里，魏颗梦见了结草助战的老人。老人说："我是那个妾的父亲，今天特地以结草报答你的大恩大德。"有鬼论者常常以"结草"的故事作为人死为鬼的证据。他们的理由是：老人为鬼却能现出身形，结草助战，知恩必报，这证明鬼是很聪明的。

王充指出：有鬼论的这个例证不能成立。如果这位老人死后尚且知道报恩，那么他生前更应报恩。活着的时候不能报答厚待他的人，死后却来报恩报德，这能令人信服吗？

死鬼作怪的故事不可信

有鬼论者认为，鬼不仅懂得报恩，也能报复仇敌。例如，汉武帝的舅舅田蚡与灌夫有私怨。田蚡权倾一时，灌夫很不服气。田蚡娶燕王之女为夫人，皇太后下令宗室、列侯必须前往祝贺。灌夫的挚友窦婴在赴宴的路上碰见灌夫，强拉他一同前往。在酒宴上，灌夫觉得受到冷落愤恨不平，便借酒撒疯大闹了一场。田蚡大怒，下令将灌夫拘捕下狱。事情一直闹到汉武帝那里。窦婴极力为灌夫开脱。结果灌夫被灭族，窦婴被处死。后来田蚡患病，大声呼叫："诺、诺、诺……"好像是向谁赔不是。家人请来占鬼之人。占鬼之人说："进屋一看，只见灌夫、窦婴都坐在田蚡身边与他争辩不休。"田蚡一病不起。

王充指出：杀害他人的世上并非田蚡一个。杀人者都没有见到冤鬼，为什么唯独田蚡见到死鬼？这只是田蚡的幻觉。他做了亏心事，又因病精神错乱，便误以为看到了鬼。占鬼之人了解内情，故意附会成死鬼报怨。这种事怎么能相信呢？

有鬼论者又抬出当时广为流传的事例：王莽用薄礼改葬汉哀帝的祖母傅太后和母亲丁太后。打开傅太后的棺材时，臭气冲天扑鼻而来，主持改葬的官员当场被熏死。丁太后的墓中冒出大火，几百名掘墓、围观的人被活活烧死。由此可见，死人对薄礼改葬怨恨不已。

王充指出：这种事情并不神秘。棺椁内存放了许多食物，时间一长腐烂变质，开棺时必然臭气发作。这有什么值得大惊小怪的？墓中出火，有点异乎寻常，却不能作为丁太后死后有神灵的证据。与改葬相比，盗掘坟墓更令人愤恨。掘墓开棺之时，死人无法制止人们这样做，事后也不能报复掘墓人。或许有人说，这些死人身份低微，不能与皇太后攀比。秦始皇倒是一个威风显赫的帝王。秦朝末年，盗贼纷纷挖掘骊山皇陵，也不曾听说有臭气、火光伤人。贵为天子尚且无能为力，老弱妇人怎么能兴风作浪？

有鬼论者还编造了一则死鬼逃灾避难的故事：淮阳都尉尹齐残酷暴虐，杀害过许多人。尹齐死后，仇家要将他的尸体烧掉。动手时却发现尸体不见了。原来尸体怕被烧掉悄悄溜走了。看来人死不仅为鬼，而且还有点鬼聪明，要不然尹齐的尸体怎么会主动逃跑呢？

　　王充指出：可以断言这是尹齐的家属、部下做的手脚。他们知道仇家的预谋后，偷偷把尸体转移。为了避免斥责和报复，他们就编造了尸体自己溜走的谎言。人逃命要靠双脚。人死之后血脉断绝、两脚僵硬，靠什么逃跑？伍子胥、彭越都是举世闻名的勇将。吴王夫差把伍子胥的尸体煮烂，汉高祖把彭越剁成肉酱，他们生前都不能躲藏起来，一个小小的尹齐怎么能死后自己归葬？

　　还有一则鬼妖的故事也很著名。有一次，卫灵公到晋国做客途经濮水。深更半夜，他忽然听见有人弹奏。卫灵公派人询问是谁演奏的。可是侍从们都说什么声音也没听到。卫灵公招来乐师师涓，对他说："我听到有人演奏优美动听的曲子，可左右之人都说没听到，有点像鬼在奏乐。请你仔细听一听，把这首乐曲学会。"卫灵公滞留了二日，直到师涓熟练地掌握了这首乐曲。到达晋国后，晋平公盛宴款待。卫灵公对晋平公说："有一支新曲，请允许奏给你听。"晋平公欣然同意，请师涓坐在晋国琴师师旷身边援琴操曲。一曲未终，师旷赶忙按住琴弦，对二位君主说："这是亡国之音，不能把它奏完。"晋平公问："你知道这首乐曲的来历吗？"师旷答道："这是师延为纣王所作的靡靡之音。当初武王伐纣，师延投濮水自尽。这首乐曲必定是在濮水之滨听到的。它的曲调过于悲哀，听到的诸侯其国土将被人侵占，所以千万不要把这首曲子奏完。"晋平公说："我非常喜欢这支乐曲，你就让师涓奏完好了。"师涓重调琴弦从头演奏一遍。二位君主又命师旷演奏了一些不该听的曲子。后来，晋国大旱三年，晋平公得了手脚麻痹的病。卫灵公则亡国灭身。

王充指出：到春秋时期，师延自尽已有数百年，他的形体化为淤泥根本不可能弹琴。屈原死后，人们纷纷纪念他、凭吊他，可从来没有听说屈原写篇文字来回报这些人。如果师延能化鬼弹琴，那么屈原也能变鬼作文，可事实并非如此。

鬼神无法享受供品

在古代，无论是帝王贵族，还是普通百姓，都十分重视祭祀鬼神，视之为头等大事。人们不仅相信有鬼神，而且相信鬼神能作威作福。在《祀义》《祭意》中，王充在肯定祭祀有报功、追先、崇恩之义的同时，批驳有鬼论在祭祀问题上的各种谬论。

有鬼论者说：祭祀就像招待宾客一样，供品丰厚鬼神就会高兴，否则便会发怒。

王充指出：相信鬼神能享受供物是十分可笑的。人睡觉时，把食物放在他身边，都无法感觉到食物的存在。死人长卧不醒，无知无觉，嘴和鼻子腐朽不堪，怎么能吃吃喝喝？如果说鬼神真的像人一样需要饮食，那就需要一日三餐。人们有时祭祀有时不祭祀，鬼神岂不是饥一顿饱一顿，为此一会儿发怒一会儿欢欣吗？如果说鬼神真的吃东西，为什么供品不会被吃掉？有人说鬼神并不真吃，只是用鼻子闻闻味，鬼没有鼻子怎么闻味？如果不祭祀或祭祀不周到鬼神就会怪罪，为什么当祭祀中出现差错时从未发生过鬼神上来责打失误者的事情？

有鬼论者说：不，这种事也发生过。有一次，宋文公患病，怀疑是厉鬼作祟。夜姑奉命祭祀厉鬼。厉鬼突然出现，手拄着船桨那么大的拐杖，大声责骂夜姑："为什么供奉的谷物不丰盛？为什么作为牺牲的牛羊不肥大？为什么盛供品的玉器不合乎尺寸？这是你的过错，还是宋文公的过错？"夜姑答道："宋文公年幼无知，没有过问这件事。我主管祭祀之事，出了差错由我负责。"厉鬼当即举起拐杖，将夜姑活活打死。

王充指出：这纯粹是无稽之谈。如果厉鬼果真神灵，它就理应知道祭祀由夜姑主持。它没有必要审问一番，而应一出现便开口责骂夜姑。这一审一问，便证明厉鬼并不神灵。夜姑奉命行事勇于负责，如果他把过错推到宋文公身上，难道厉鬼就会打死宋文公吗？究竟是谁的过错厉鬼都不知道，怎么能算先知先觉呢？夜姑是因病而死的与厉鬼毫无关系。

王充通过追溯各种祭祀的来龙去脉，进一步阐述了祭祀的意义。他认为祭祀的意义无非是为了报答有功有德者，为了敬奉祖先父母。天地山川为人们提供了生活资料，先王贤臣为百姓立下了功勋，祖宗父母养育了子孙后代，人们便用祭祀的方式报答他们、怀念他们。活人报答活人常常送些美味佳肴，人们便把这种方式类推，拿些供品装点祭祀仪式。这种方式不过是为了表达某种心意。如果以为用丰厚的供品祭祀鬼神就会得到它们的保佑，这是十分可笑的。

王充提出了一个重要的观点："衰世好信鬼，愚人好求福。"鬼神观念和祭祀活动的盛行是政治混乱、世道衰微所致。国家政权是否可以长治久安，取决于人事而不取决于鬼神，取决于德政而不取决于祭祀。

王充又援引中行寅的事例作进一步的申说。中行寅是晋国的大夫，被当权的大臣赵氏打败逃离晋国。他归咎于主管祭祀的太祝，责问道："你是替我操办祭祀的人。是所用的牺牲不肥美，还是斋戒时的态度不恭敬呢？导致我亡国的原因究竟何在？"太祝答道："您的父亲中行密子仅有战车十乘，却不愁数量太少，唯恐自己的德行不足。您有用皮革装饰的战车百乘，依然发愁数量不足。战车修饰得越好，征收的赋税就越重。赋税过重就会激起百姓的怨恨。一个人在祈祷，一国人在诅咒。这样的国家还有什么理由不灭亡呢？我又何罪之有呢？"王充认为，祭祀者未必获得保佑，不祭祀者未必招致灾祸。关键的是要把自己的事做好。

厚葬是危亡之道

迷信鬼神，必然厚葬。丧事大操大办是一种陋习。以厚葬夸耀财富和显示孝敬是这种陋习的心理基础，而相信人死为鬼则是这种陋习得以泛滥的根本原因。

自古就有"事死如事生"的礼制。考古发现的商朝大墓便是先例。春秋时期秦公大墓、曾侯乙墓等，以及秦汉皇帝、王侯的高陵地宫、兵马人俑、黄肠题凑、金缕玉衣等，都为厚葬之风提供了实物证据。这种风气波及全社会。人们大多"竭财以事神，空家以送终"，有的甚至"破家尽业，以充死棺，杀人以殉葬，以快生意"。在《薄葬》等篇中，王充痛斥厚葬的恶劣风俗，并把罪责归之于墨家和儒家。

墨家主张薄葬，反对厚葬，为什么又把厚葬陋习归罪于墨家呢？王充指出：墨家的薄葬论与有鬼论自相矛盾。墨家认为，人死后变成鬼神，鬼神有智慧有神灵，能作威作福。相信鬼神也就相信鬼神能祸福人类。宣扬鬼神祸福之说，必然为厚葬之风推波助澜。于是世俗相信人死如生。他们哀怜死者独葬墓中无人陪伴，缺乏各种日用品，于是以陶木作俑，以器皿装食物供死人享用，有的甚至杀人殉葬，把各种各样的殉葬品塞满死人的陵寝棺椁。

儒家中很多人不大相信神怪，为什么也成为厚葬的祸首呢？王充指出：儒家维护礼教，主张臣忠子孝。孔子等"惧开不孝之源"，担心"丧祭礼废，则臣子恩泊（薄）"，故意在有鬼无鬼的问题上采取模棱两可的态度。他们不愿明确阐释"死人无知之义"，结果弄出许多自相矛盾的说法，致使流俗狐疑不决，以为人死真的可以变鬼。在儒家看来，厚葬崇祀可以劝勉活人尽忠尽孝。他们提倡厚葬，主张埋葬父母、祭祀祖先，供品要丰盛、场面要热闹。这类说教致使许多想捞取孝子名声的人大操大办，而担心被指责为不孝的人又不得不大操大办。

王充指出：孝子厚葬父母，与给死人治病一样愚蠢。父母生病时，孝子四处求医问药，而父母死后，即便扁鹊这样的神医他们也不去找了。为什么呢？因为大家都知道人死之后再好的医治都无济于事了。然而为什么孝子偏偏要厚葬父母呢？这与继续给死人治病有什么差别呢？不给父母厚葬有伤教化，难道不给死去的父母继续治病就不损伤道义吗？如果人死如生，岂不应该把父母葬在住宅中？由此可见，事生与事死的方法是不同的。正确的教化方式应当号召人们孝敬在世的父母。孝子厚葬父母是一种无谓的浪费。厚葬的做法不仅损害活人、徒劳无益，还会败坏社会风气。

王充认为，"圣贤之业，皆以薄葬省用为务"。薄葬是圣王之道，厚葬是危亡之道。提倡厚葬对国家和人民都没有好处。战国时的苏秦为了帮助燕国到齐国去做官，劝说齐愍王提倡厚葬以消耗齐国的实力。齐愍王中了苏秦的奸计，致使齐国厚葬之风愈演愈烈，弄得"财尽民贫，国空兵弱"。王充指出：要从根本上铲除厚葬恶习，必须坚持无鬼论，让人们都明白"死人无知，厚葬无益"。

王充的"人死无知，不能为鬼"的思想，具有世界观的高度。他不仅否定了鬼神现象的真实性，还在一定程度上揭露了有鬼论的心理根源和社会根源。他的批判大都具体深入。正如清人熊伯龙在《无何集》中所说："每言一事，如剥蕉抽茧，其理层出不穷，由浅而深，由粗而精。"

二、"学仙术者，其必不成"

人死不为鬼，能否不死？人不是神怪，能否成仙？人们自感性命无常，为此忧心忡忡，纷纷寻求长生不老之术。于是，宣扬"得道成仙"成了迷信活动的又一个领域，又一处洞天。在《道虚》等篇中，王充剖析各种神仙传说，揭示其虚妄之处，明确指出："学仙术者，其必不成。"

源远流长的神仙信仰

由鬼神信仰衍生出神仙信仰是中国古代文化的一大特色。"仙"与"神"颇为相似，他们都具有神力、超乎常人、永存不朽，故"仙人"亦称"神仙"。中国的神仙似神非神。"神"字从"示"，出自天然；"仙"字从"人"，由人转成。仙是凡人经修炼而获得神性。神仙是人而不同于人，属神而不同于神。这就是《太平广记》将神与神仙判为两类的原因。在中国文化中，神界有职守、有律条，而仙界无羁无绊，既无生死之限，又有神通变化，且享无穷欢乐。成神之路隔绝不通，而成仙之路可以追求。因此，人们大多渴求成仙。

神仙之说产生于先秦。当时盛传渤海之内有蓬莱、方丈、瀛洲三神山。山上以黄金白银为宫阙，一批仙人聚居于此。他们有不死之药，人若食之便可长生不老。如果得到仙人的指点，还可能羽化成仙。这类传说流传四方，就连思想家的著作中也多有论及。《庄子》有神人之说。据说他们居于远方神山，"不食五谷，吸风饮露，乘云气，御飞龙，而游乎四海之外"。

早在先秦，祈求长生的巫术就很盛行，用"神仙之说""不死之药""不死之道"等骗取富贵的术士也早有其人。最初流行于燕、齐等沿海一带的"方仙道"便是典型事例。大约在战国初期，宋毋忌、正伯侨、充尚、羡门高等假托鬼神之事，大搞方仙道。据说，这些人死后形解销化、得道成仙。于是信仰者、效仿者不可胜数。仙与道的结合构成了后世道教的雏形。

许多上层统治者是神仙信仰的信奉者。他们凭借权势和财力寻求仙药。齐威王、齐宣王、燕昭王都曾派人入海，寻求蓬莱、方丈、瀛洲。据《战国策·楚策》记载，有人曾向楚王献不死药。《韩非子·外储说左上》也记载了"客有教燕王为不死之道者"。

秦始皇寻仙求药的故事可谓脍炙人口。据《史记·秦始皇本纪》记载，统一天下的秦始皇第一次出巡便来到海岱之区。他穷成山、登芝罘，远望烟波浩渺的茫茫沧海，目睹光怪陆离的海市蜃楼，耳闻众人传诵的蓬莱仙境，使他坚信神仙之说不谬、不死之药可求。秦始皇立即被术士们包围了。这些人可把他害苦了。秦始皇一再受骗，结果是乐了术士们，苦了百姓们，也误了他的家国大事。其中最著名的骗子有三个。第一名当属徐福，他一而再再而三地欺骗秦始皇，消耗了大量的人力物力，最后带着三千童男童女和各种工匠，以及大量贡品、财物和五谷种子扬帆入海，一去不返。另一个大骗子比徐福更坏，他是燕人卢生。卢生不仅献方仙道以误国，还献图谶以乱政，献巫术以蠹政。他编造"真人"之说，主张秦始皇深藏不露、不见群臣，导致秦始皇不再上朝听政，影响了对政治局势的判断。还有一个叫侯生。闻知秦始皇心中生疑，准备亲自考校仙药之事的虚实，方士们惶恐不可终日。于是"侯生、卢生相与谋"，策划逃亡。他们在对秦始皇的为人、政事大加攻击之后，便悄悄地溜走了。秦始皇闻之勃然大怒。他下令彻底追查，于是引发了著名的"坑术士"事件。寻仙求药对秦朝政治的破坏作用是无法估量的。

在寻求仙药方面，汉代统治者毫不逊色。汉武帝的求仙活动，其声势与规模远在秦始皇之上。为求"不死药"，他一而再再而三地被方士们欺骗。在贵族豪门中，迷信方士、神药也蔚然成风。西汉的淮南王刘安、东汉的楚王刘英是其中的典型代表。这类思想行为在汉代文学艺术中也有反映。例如，墓葬出土的帛画有乘龙成仙的图案，诗歌辞赋中充满生命如寄、及时行乐的情调和白日飞升的遐想。中国土生土长的道教就是在这样的社会背景下逐渐形成的。

"得道成仙"纯属谎言

术士们为了骗取功名富贵，编造了大量所谓"度世不死""白日飞升""得道成仙"的荒诞故事。博学多识的王充依据历史事实、生活常识和科学知识，对当时最为流行的荒诞故事逐一进行了批驳。

汉武帝时有一个大骗子名叫李少君。他动用各种骗术说服皇帝寻觅仙人。汉武帝屡屡上当受骗。其中一个说法就是：黄帝封禅则不死。"封禅"是天子对天地最隆重的祭礼。"封"，即在泰山祭天，"报天之功"；"禅"，即在梁父山祭地，"报地之功"。梁父山是泰山下的一座小山。先祭天，后祭地，"封"与"禅"是一次大典的两个关键步骤，所以合称"封禅"。封禅的目的是愚弄臣民，加强君权，求天地保佑，祈祷长生不死。

在儒书中，关于黄帝成仙还有一种说法：黄帝在首山采铜，在荆山铸鼎。鼎铸成后，有一条龙来迎接黄帝升天。龙将一根胡须垂下，黄帝攀缘而上，骑在龙背上。群臣、嫔妃七十余人也随着爬了上去。其余小臣纷纷揪住龙的胡须，致使龙须连根拔断。

王充指出：黄帝封禅成神仙是一个虚构的传说。据历史记载，有七十二位君主曾到泰山封禅。他们都勤于政务，操劳国事，实现了天下太平。五帝三皇在帝王中都是最杰出的，黄帝只是其中一个。修道成仙与君主治国方法不同，黄帝不可能废事修道。如果说"圣人皆仙"，有功德的圣王都能成仙，成仙的不应只有黄帝一人。其他圣王并没有飞升成仙，看来黄帝乘龙而去是无稽之谈。

儒书中说：淮南王刘安尊敬有道术的人。这些人聚集到淮南，争先恐后地献出奇方异术。刘安因此得道，全家服食仙药升天。他们吃剩下的仙药被家中的鸡、狗吃掉，鸡、狗也一道升天成了神仙。狗在天上吠，鸡在云中鸣，地上听得一清二楚。正所谓"一人得道，鸡犬升天"。

王充指出：这个传说与历史事实相违背。刘安的父亲淮南王刘长是汉高祖的儿子，因犯罪被流放蜀郡，结果死在路途之上。刘安继承王位后要替父亲报仇，于是广招四方能人图谋造反。这些人中有许多道术之士。他们为了显示神奇本领，故意装成修仙得道的样子，实际上并未应验。谋反事发，刘安被迫自杀。还有一种说法是被汉武帝处死的。这是众所周知的历史事实。一些世俗之人见刘安主持编写的《淮南子》内容高深，他手下的一批人又貌似得道的样子，于是便传言淮南王一家连同鸡犬升天了。鸟类有羽毛，善飞翔，却不曾见鸟飞入天堂。人若升天也应长羽毛，生双翅，当先长出几寸羽毛，能从地面飞到高楼，然后才有可能飞入天堂。刘安一家人连小飞小升的征兆都没有，怎么能飞升上天呢？"白日飞升"，纯属谎言。

儒书说：有个叫曼都的人"好道学仙"，弃家出走，三年而返。家里人问他这几年都干了些什么，他说："当时不知不觉就离开了家，忽觉得昏昏欲睡，迷离恍惚，有几位仙人扶着我上了天，一直到离月亮数里之遥才停住。住在月亮旁边，四周昏暗不辨东西南北，寒冷得让人受不了。肚子感到饥饿时，仙人就给我一杯仙酒。喝下这杯仙酒，几个月不饥不饿。不知经过了多少岁月，也不知触犯了哪条仙规，依稀仿佛睡着了似的，睁眼一看，才发现又回到了凡世。"从此人们都称曼都为"斥仙"，意思是被贬斥回家的仙人。

王充指出：凡是尊重事实的人都不会相信曼都的谎言。这个人喜好道术、梦想成仙，为此离家出走、周游四方。旷日持久而终无所得，只得悄悄回家。他自知学道不成、终无所得，在乡亲面前感到惭愧。为了证明世上确有仙人，自己离家三载并非无所作为，于是编出一套成仙后又被贬斥的谎话，以"夸诞之语"为自己遮羞。世俗流传的许多成仙故事多是这样编造出来的。

"长生不死"是欺人之谈

王充指出："物无不死，安能成仙？"世上根本不存在得道成仙的人，却有长寿之人。这些寿星懂得养生之术，过百岁而不死，世人称之为仙。出于某种目的，一些长寿的人也会捏造长生不死的谎言以愚弄世人。

李少君就是靠这种办法骗取了汉武帝的宠幸。他自称不食五谷，返老还童，能驱使鬼神，凭着在诸侯间兜售方术，获取了大量钱财。人们见他不劳而获，生活富足，又不知道他究竟是何许人，更加争先恐后地侍奉他。有一次，李少君参加丞相举行的酒宴，竟能说出在座一位九十高龄的老人的祖父曾经打猎的地方。这位老人小时候的确听祖父提起过这个地方。又有一次，李少君在汉武帝面前竟然准确无误地说出一件齐桓公时代的古铜器。人们对此十分惊奇，以为李少君是数百岁的老人。后来，李少君因病而死。

王充指出：所谓成仙之人，都属于李少君这一类。他们年龄大、见识广，知道一些年代久远的事。很多人喜欢玩赏古董，具有鉴别古代文物的知识，见到旧剑古钩、钟鼎玉器，能够说出它们的名字和年代。难道这就能证明他们曾亲眼目睹了器物的制作过程吗？李少君毕竟"死于人中"，人们亲眼见到了他的尸体。如果他住在深山老林、人迹罕至的地方，一个人死在岩石中间，尸体被野兽吃掉，说不定世人更会以为他成仙而去了。其实他不过是一位懂得养生术的长寿老人罢了。

当时流行的修仙的道术花样繁多，如"服食药物，轻身益气"，"辟谷不食（不吃五谷），导气养性"，"恬淡无欲，养精爱气"，"服金玉之精，食紫芝之英"。

王充利用科学知识对这些方术一一进行了批驳。他指出：唯有符合自然常规，遵循饮食规律人才能长寿。吸上满满一肚子气并不能充饥。不食五谷饭菜违反人的生理本能，肯定要饿死。吞药养性、做做气功可以令人无病，不能使人成仙。药吃多了反而会使人中毒。在恬淡寡欲方面，人不如鸟兽。鸟兽少欲，草木无欲，寿命却并不长，更不会成仙。许多人曾尝试过各种各样修仙的办法，又有谁成功了？由此可见，"诸学仙术不死之方，其必不成"。

王充依据生命自然观，驳斥奇方异术对生命现象的荒唐歪曲。他认为，凡有血脉的生物，"无有不生，生无不死"。知其生便知其死。人生如同冰，水凝为冰，经过寒冬迎来春天，冰必然消融。学仙术、求不死，就像力图使冰永不消融一样，枉费心机。生命的存在形式同其他物质的存在形式并无本质的区别，任何事物有始必有终。有终必有死。唯有无始无终才能长生不死。人不过是万物中的一种，即使贵为王侯也不会具有与物不同的属性。万物没有不死的，人怎么能成仙？

生就意味着死。王充从朴素的自然辩证法出发，从生命本身的矛盾运动来考察生命的发展过程。他把死亡看作生命的重要因素，认为生命自身就包含着自我否定，生命始终同死亡联系在一起。"夫有始者必有终，有终者必有死。"在今天看来，这种观点仍然是有现实意义的。正如恩格斯在《自然辩证法》中所指出的："只要借助于辩证法简单地说明生和死的性质，就足以破除自古以来的迷信。"无论什么人，一旦懂得了生与死的辩证法，便会摈弃关于灵魂不死的任何迷信。生活在近两千年前的王充能够提出如此精辟的论断，这表明他无愧为我国古代一位杰出的思想家。

相信世界上存在着某种永恒神圣的东西，这是各种迷信得以滋生和流传的思想根源。宗教家、神学家鼓吹上帝神仙永恒存在。他们要么是一厢情愿、自我慰藉，要么是有所企图、愚弄信众，要么二者兼而有之。上帝神仙之说违背了自然、社会、人生的必然法则，所以归根结底是自欺欺人。唯物辩证法揭示了一个颠扑不破的真理：除了永恒变化着、运动着的物质以及物质运动和变化的客观规律之外，再也没有什么东西是永恒的。无论是无生命的宇宙天体、山川大地、原子分子，还是有生命的动物、植物、人类，乃至社会制度和思想文化，都必然遵循发生、发展、灭亡和更新的客观规律，谁也无法逃脱这一条自然法则。这种观点破除了一切迷信，所以是真理。

三、批判形形色色的禁忌与方术

与上帝、鬼怪、神仙迷信密切相关的是禁忌与方术。当时的人们大多认为，富贵贫贱、吉凶祸福、死生寿夭等都取决于冥冥之中的命运，对待神鬼必须慎之又慎，如果有所冲撞就会招来祸患。一些骗子利用人们的心理，设计出种种预测命运、趋吉避凶的方法。于是各种禁忌与方术大行其道。

王充对当时流行的各种世俗迷信进行了揭露。他指出：许多禁忌是出于"惊惑暗愚，渔富偷贫"的目的而有意编造的。其共同点是假托鬼神令人畏避。实际上，根本没有什么"鬼神之害，凶丑之祸"。

四大禁忌与吉凶祸福无关

在汉代，由来已久的四大禁忌依然流行：一是忌讳在住宅西边扩建新房，二是忌讳受过刑的人上坟，三是忌讳看到产妇，四是忌讳养育正月或五月出生的孩子。在《四讳》中，王充一一予以评说。

世人普遍相信在住宅西边扩建新房会打扰宅神，招致死亡。据说，鲁哀公要向西扩建住宅，大臣们劝阻无效。太傅宰质雎变换了劝谏方法，他说："世上有三种行为会招致不祥，向西扩建房屋并不在其中。"哀公听后大喜，问："是哪三种行为？"宰质雎说："一是不行礼义，二是贪得无厌，三是不听劝谏。"哀公沉默良久，最终放弃了他的想法。

王充指出：宰质雎与当代俗人无异。房有四面，为什么唯独向西扩建房屋不祥？如果说扩建会烦扰宅神，那么无论向何方扩建都会一样。人喜欢住大房子，宅神就不喜欢住大房子吗？按照礼法，西方是尊者之位。"尊长在西，卑幼在东"。因此，这种禁忌是"义理之禁，非吉凶之忌"。

世人忌讳受过刑的人去上坟。这种禁忌迷信愈演愈烈，竟然发展到受刑的儿女不能给父母送葬，不能吊唁丧主，甚至连棺材都不能看。

王充指出：如果相信人死有知，那么住宅就与坟墓相类似，父母生前与死后也没有什么差别。如果受刑的人不能上坟是怕被死去的先人责怪，那么他也不应该回到家与父母相见。如果受过刑的人不能到坟地去，那么也不应该让他们给帝王修筑陵墓。周文王的祖父太王有三个儿子：太伯、仲雍、季历。太王见季历之子姬昌机敏聪慧，就想立季历为继承人，以便将来传位给姬昌。太伯体察父亲的心意躲到吴地以采药为生，并按照吴地风俗断发文身。太王辞世，太伯奔丧，季历要把君位让给他。太伯再三推辞，说："我断发文身，身体发肤受损，好似受过肉刑的人，不适合主持宗庙社稷的祭祀。"季历只好接受了王位。这是说受过刑的人不适合主持祭祀，并没有说不能送葬。因此，这种禁忌是"义理之讳，非凶恶之忌"。

世人把看到产妇视为不吉利的事。因此，妇女生小孩要住在墓侧或道旁的茅舍，满月后才能回到家中。

王充认为，孩童含元气而生。元气是天地间最精妙的，有什么不吉利？孩子的诞生与万物的产生没有什么差别，难道万物的生长会带来灾难吗？有人说胎儿包衣是不吉利的东西，而包衣好比蛋壳、花萼、麸皮，会有什么妨害呢？有人说厌恶妇女生产时的腐臭之气，而臭莫过厕所，腥莫过腌鱼，人们并不忌讳去厕所，还以腌鱼为美味。生孩子时只有短暂的气味，有什么可厌恶的呢？妇人生孩子，弄脏的是自己的身体，于别人有什么妨害呢？江北忌讳看到犬生子，江南忌讳看到人生子，竟然没有一个固定的标准。实际上，这类禁忌的本意是要人们注意卫生。

世人相信不能抚养正月和五月生的孩子，他们会杀害父母。有的父母不忍抛弃却偶然得祸，世人对这种忌讳更加信以为真。

王充指出：不同月份出生的孩子都是含元气而生，没有什么差别。孟尝君田文就是五月出生的。父亲田婴要把田文抛弃。母亲偷偷把他养大成人，并找机会引荐给田婴。田婴怒不可遏。田文问："您为什么不养活五月生的孩子？"田婴说："五月生的孩子，长到与门一样高就会杀害父母。"田文说："人的寿命是由天决定呢，还是由门决定？如果取决于天，我对您能有什么危害？如果取决于门，那就增加门的高度，使我不可能长得与门一样高不就行了吗？"田婴听后觉得很有道理，就让田文回到家里主持家事。田文礼贤下士、广招宾客、声名远扬。当他长得比门还高时，田婴也没有死。可见这类禁忌纯属无稽之谈。

岁神、月神禁忌"妄不可用"

岁、月不过是用来计时的名称而已。但是，在禁忌泛滥的时代，人们把岁、月等说成是神，如果不加敬畏，岁神、月神就会祸害人。在《讕时》《难岁》等篇中，王充批驳了这类禁忌。

古代人把由西向东运行的木星叫岁星。又虚构了一个和岁星运行方向相反的假岁星来纪年，叫太岁。据说，太岁是运行于地的岁神。如果某年某月某地修建房屋，另一地的人家就会遭到岁神、月神的侵害，必有人死亡。例如，岁神在正北时建房，西方的人家就会因岁神侵害而死人。正月修建房屋，东南方向的人家就会遭到月神的吞食。被侵害的人家要通过一些巫术来解除灾难，或者用符咒，或者根据五行相克关系悬挂金器、木炭等，或者设祭祀消除凶害，或者全家搬迁。

王充提出质疑：即使神灵可以惩罚罪过，也不应该使人无故受罚。神灵惩罚人类，就好比帝王惩罚臣民，宽恕小过错，严惩大罪过。无过受罚，谓之冤枉。起土盖房会损伤大地。如果真有岁神，也应该惩罚盖房的人家，为何要无辜的人遭难？"积日为月，积月为时，积时为岁"。日、月、岁都是时间概念，它们没有意识、没有感情，"安得鬼神之怪，祸福之验"？

王充指出：神会吃人的说法不可信。祭天时不用人作供品。岁神、月神都从属于天，饮食应该与天相同。天都不吃人，岁神、月神怎么会吃人？如果有岁、月之神，那就应该有日神。怎么没听说过日神吃人？虎狼吃人，难道岁神、月神是虎狼所变？战乱灾荒之年有人吃死尸，难道说岁神、月神是吃死尸的人所变？神的口腹应该与人一样，饥则食，饱则止。如果只有盖房子时，岁神、月神才吃人，那么一年之中，盖房的机会是很少的，岁、月之神岂不要忍饥挨饿？治田与盖房都要挖土凿沟，为什么盖房时神就吃人，治田时神却不吃人呢？难道说治田时神正酒足饭饱，盖房时神正饥肠辘辘吗？方士们根据工程大小确定岁神、月神吃人的范围。工程量越大，受祸殃的范围就越大。按照这种理论，秦朝蒙恬修筑长城，遍布半个中国，岁月之神为害的范围就应有几万里。可是秦朝人并没有因此大量死亡。周公兴建洛邑，工程浩大，人民反而安居乐业。可见岁神、月神吃人不是事实。

王充指出：用刀剑、木炭压制神灵的做法荒唐可笑。岁神、月神难道会因为惧怕一把刀、一块炭而不敢吃人了吗？如果真要让岁神、月神感到惧怕，就应当用与建筑工程量相当的五行之物来制服它们。泰山失火，用一杯水不可能浇灭；黄河决口，用一捧土不可能堵住。狼多能吃人，人多能打狼。虽说金胜木，一个人拿刀也抵不过拿着木棍的军队。虽说火克金，用一块木炭也无法熔化堆积如山的金属。少不能胜多是天地万物的普遍定律。"以一刃之金，一炭之火"制服凶神恶煞，这怎么可能呢？

王充指出：迷信禁忌的人认为搬迁也要避讳太岁。太岁在北方就不能向南或向北搬家。这也经不起推敲。如果太岁讨厌人搬迁，则天下所有搬家的人都要遭祸。如果太岁只是厌恶人抵触它，那么不仅向南、向北搬家要遭殃，向南北方向行走的人都应遭殃。如果说太岁真的出行，它所走的道路应该是有曲有折的，向南、向北搬迁怎会抵触它呢？如果太岁走的是直道，那么从东往西、从西往东，或者向东南、西南、东北、西北四角迁移都会抵触太岁。可见有关太岁的迷信禁忌"妄不可用"。

"日禁之书"经不起推敲

在汉代，还流行日有吉凶的说法。据说，"不择吉日，不避岁月"就会触犯禁忌、招致灾祸。一些"日禁之书"规定了每一天衣食住行的禁忌。遇有动土盖房、婚丧嫁娶、搬家迁徙、出门办事等，人们都要挑选吉日、不敢大意。在《讥日》中，王充对日有吉凶的各种说法一一加以分析。

在历书中，丧葬之日多有禁忌。古代用天干计时。甲、丙、戊、庚、壬为奇、为阳、为刚；乙、丁、巳、辛、癸为偶、为阴、为柔。历书规定：死在刚日，应在柔日下葬；死在柔日，应在刚日下葬。死在奇月，应在偶月下葬；死在偶月，应在奇月下葬。此外还要避开九空、地臽等不吉利的日子。

王充指出：入殓，是把死人装入棺材；下葬，是把棺材放进墓穴。棺材与墓穴没有什么差别，入殓与下葬没有什么不同。入殓不避凶日，为什么下葬要选择吉日？按照历书的说法，下葬时既要刚日柔日相合，又要单月双月相配。这真是烦琐难为。春秋之时，天子、诸侯、卿大夫死亡的不计其数，他们下葬的日子与历书并不相符。按照礼的规定：天子死后七个月下葬，诸侯死后五个月下葬，卿大夫死后三个月下葬。这就是说，死在奇月的在奇月下葬，死在偶月的在偶月葬。这与现在历书的规定并不一样。

历书说：祭祀之日多有禁忌。例如，在血忌、月杀这两天杀牲畜祭祀鬼神不吉利，必然会招致祸患。

王充指出：如果有鬼神存在，对待死者要像侍奉活人一样，那么鬼神的饮食习惯应该和人类一样。人的饮食没有禁日，鬼神何故要有忌讳？如果鬼神有知，就应该与人无异，祭祀时就不用挑选日子。如果鬼神无知，就算选择吉日又有什么用呢？如果鬼神忌讳血祭、月杀这两天杀牲，那么活人宰杀禽畜也应该有避讳。屠夫宰杀禽畜不用选择吉日，狱吏处决犯人不用避讳凶日，而天下倒霉的人未必都是屠夫、狱吏。世上并没有鬼神。祭祀不会带来福气，不祭祀也不会招致祸患，更谈不上祭祀的日子有吉凶。

历书说：洗头也有禁忌。诸如子日洗头，会让人喜爱；卯日洗头，头发会变白等。子、丑、寅、卯等地支是古人用于计时的。

王充认为洗头禁忌荒唐可笑。是否招人喜爱在于容貌丑俊，是否头发白黑在于年龄老少。如果让丑陋的人在子日洗头，也不会招人喜爱。如果让妙龄女子在卯日洗头，头发也不会变白。洗头、洗脚、洗澡都是为了去除身体的脏东西。为什么唯独洗头要挑好日子？如果因为头是人体最尊贵的部位才有所禁忌，那么洗澡时会洗脸，脸也属于头部。如果说头发是人体最为尊贵的部位，那么梳头也应该选吉日。可见，洗头没有必要挑选吉日凶日。

历书说：裁衣服、盖房子也要选择日子。凶日裁衣，则有祸；吉日裁衣，则有福。

王充指出：穿衣与吃饭都是人所必需的。饮食不用挑日子，裁衣却要躲避凶日，难道穿衣比吃饭对人的身体更重要吗？如果认为穿戴在身上的东西尊贵，需格外重视，那么帽子在穿戴之物中最重要。做帽子没有禁忌，裁衣服却有忌讳，岂不是尊卑颠倒吗？房屋只是人们的容身之所。如果说房屋可以遮盖人体所以鬼神厌恶它，那么造车、造船、打伞、戴帽也应当选择吉日。如果说盖房要挖土凿地所以鬼神厌恶它，那么挖沟耕地也应该选择吉日。有人说盖房会打扰地神。如果地神明白人并无恶意，只想有个安身之所就不会愤怒。如果地神不能原谅人类，即便挑到吉日又有什么用处？

王充还列举历史事实批驳日有吉凶之说。武王在甲子日攻克殷朝国都朝歌。武王与纣王同日交战，却一胜一败，一存一亡。难道这一天对武王来说是吉日，对纣王来说是凶日吗？长平之战，秦军坑杀赵军四十余万人。难道赵国人离家出门时，都没有挑选吉日吗？刘邦在丰邑、沛县起兵，他免除了当地的赋税。项羽攻打襄城，将城中之人屠杀殆尽。难道丰、沛的百姓做事都挑选吉日？襄城的百姓做事都不避凶日吗？罪犯被抓之日未必是凶日，被判刑之时未必是凶时。如果杀人犯选择吉日到官府自首，难道就能获得赦免吗？

"图宅术"无法自圆其说

一些职业骗子打着替人消灾的幌子，用推算吉凶的法术骗取钱财。推算住宅吉凶就是其中之一。王充对此深恶痛绝。在《诘术》中，他揭露了"图宅术"的种种谬论。

图宅术称：可以用天干地支六十甲子推算吉凶。民宅有"甲乙之神"，即按天干地支的方位或时日轮流主事的神。如果住宅方位、主人姓氏符合一定法则，就可以"富贵昌盛"，否则宅主会遭到甲乙之神的惩罚，"疾病死亡，犯罪遇祸"。

王充反驳说：人有屋、鸟有巢、兽有穴。为何人类的房屋有甲乙之神，而鸟兽的巢穴却没有甲乙之神？民以食为天，田地比住宅更重要，为什么田地没有甲乙之神？官舍、乡亭、市肆和民宅一样，为什么它们不受甲乙之神的支配？甲乙之神是什么时候产生的呢？如果自古就有，那么上古之时人们巢居穴处并没有房屋，甲乙之神在何处安身呢？

图宅术称："宅有五音，姓有五声。"于是风水家利用五行相生相克的理论，占卜吉凶欺骗民众。他们把五行（金、木、水、火、土）、五方（东、南、西、北、中）、五音（宫、商、角、徵、羽）和户主的姓名牵强附会地联系起来，依据是否符合五行相生原则判定吉凶。例如，如果一所住宅的方位在东，与五音相配为角，与五行相配为木，那么姓田的人住在这所住宅里就很吉利。因为田是徵音，属火，而木能生火，这叫"宅宜其姓"。如果姓洪的人去住就不吉利。因为洪是宫音，属土，而木克土，这叫"宅不宜其姓"。

王充指出：姓氏名字或是根据出生时的特征，或是根据德行，或是根据形象，或者借用器物的名称，或是根据职业，或是根据官职，或是根据祖父的字等等来命名。例如，周文王叫姬昌，昌是昌盛的意思。周武王叫姬发，发是发达的意思。这是根据他们的德行来命名。孔子名丘是因为他的头像丘陵，这是根据形象而命名。宋昭公叫杵臼，这是借用木杵和石臼来命名。陶氏、田氏是根据职业而制定的姓氏。上官氏、司马氏是根据官职而制定的姓氏。孟氏、仲氏是根据祖父的字而制定的姓氏。推算吉凶的人用五音给人们确定姓名，判定吉凶的做法一点根据都没有。匈奴人连姓都没有，照样"以寿命终"，福祸表现在哪里呢？

图宅术称：姓氏属于商音的人家，大门不宜向南；姓氏属于徵音的人家，大门不宜向北。因为商音属金，南方属火，火克金；徵音属火，北方属水，水克火。它们与五行之气不适合。所以大门的朝向必须与户主的姓相协调，否则这个家就会贫贱衰败。

王充反驳说：为什么大门有朝向的讲究，而厅堂却没有方向对错的问题呢？大门占的地方不如厅堂占的地方大，人们的日常活动又是以在厅堂为主，风水先生应该以厅堂的朝向判定吉凶才对。孔子曰："谁能出不由户？"门与户（大门以外的旁门、房门）的功能一样，它们同样重要，为什么只用门而不用户的朝向推算吉凶呢？为官吏设置的住所大门朝向四面八方。

住在里面的官长不断轮换，他们的姓氏各不相同。其中得到升迁的官吏，姓氏未必与五音相合；被降职罢黜的官吏，姓氏未必与五音相违。

王充进一步指出：每个人所禀受的气质都具有五行中某一行的特性。假设"五音之门，有五行之人"，一家五口的五行属性不同，又当如何选择大门的朝向呢？难道禀性属金的人，都不能朝南坐、向南走吗？一家人中，每个人的禀性都不同，无论大门朝向如何，都会对某个人吉利，对于另一个人凶险。这家人的大门朝向岂不成了大难题！无论推算吉凶的人如何决断都会顾此失彼。"火满天下，水遍四方"。无论东南西北，都有金木水火土。不能说只有南方才有火。火气就好比夏天的热气一样遍及四方。大门不论朝向何方，人们都会受到热气的侵袭。如果大门朝南会因火气造成灾祸，那么大门朝北也照样要遭到凶祸。

驱鬼法术徒劳无益

在汉代，人们普遍相信福祸是由鬼神造成的，"祭祀必有福"，"解除必去凶"。于是各种驱除凶神恶鬼的法术大行其道。在《解除》中，王充指出："论解除，解除无益；论祭祀，祭祀无补；论巫祝，巫祝无力。"驱鬼法术徒劳无益。

当时流行的驱鬼仪式大致是这样的：首先，举行祭祀，设下饭食就像招待宾客一样。然后，人们挥舞刀棍，驱赶凶鬼。

王充指出：如果鬼神有知，看到人们用刀棍驱赶它们，必定会大发雷霆。使鬼神怀恨在心，反而会招来更大的灾祸。如果鬼神无知，根本就不会祸害人类，也就没有必要驱鬼。即便真的有鬼，驱鬼活动也只能解一时之灾，不能救一世之难。这好比达官贵人出行，百姓争相看热闹，人群前拥后挤。十卒驱赶，人群就退避，士卒走开，人群又回到原处。又好比鸟雀啄食晾晒的粮食，主人驱赶就飞走，人一离开又飞回来。驱鬼也是如此，如果不长年累月地驱赶，怎能禁止鬼神侵扰？驱鬼消祸的说法是不可信的。

当时有一种流行的说法：宅中有十二个"主神"，即司命、勾陈、青龙、明堂、天刑、朱雀、金匮、天德、白虎、玉堂、天牢、玄武。其中青龙、白虎是"天之正鬼"，可以驱逐"飞尸流凶"等凶鬼恶煞。

王充利用迷信者自己的说法批驳他们的驱鬼之说：如果宅中有十二个主神，那么鬼怎敢到宅中作祟。如果鬼是十二神请来的客人，人们驱逐它们，岂不等于驱赶十二神的客人？如果没有十二神也就没有鬼，那么驱鬼又有什么用？

有一种方术叫"解谢土神"。解即禳解，谢即道歉。人们凿地掘土、修缮房屋，完毕后就要举行解谢土神的仪式，以为这样就能消除灾祸。具体做法是用一个土偶人做成神的样子让巫师祷告，对被烦扰的土地神表示歉意。

王充以这种方术为例，论证驱鬼消灾的"解除之法"不可信。他指出：普天之下的土地皆为一体。人们生活在土地上就像虱子、跳蚤附着在人体上。虱子、跳蚤吸食人的血液、伤害人的肌肤，就像人挖土凿地伤害大地的身体。如果虱子、跳蚤有知聚集起来进行解谢，人能知道吗？人不能知道虱子、跳蚤的祷告，同样地也不能知晓人的祷告。北方人和南方人属于同类，尚且语言不通，难以互相了解，何况人与地相差甚远，无法明白彼此的心意！知小祀，足以知大祭，知一鬼，足以知百神。只要举一反三，便可明了各种解除之法都是毫无裨益的。

王充指出：各种解除之法源于古代的驱逐疫鬼之礼。驱鬼活动的盛行是政治衰败、礼义败坏的结果。相传颛顼有三个儿子生下即死，变化为鬼祸害人类。一个在长江为虐鬼，一个在若水为魍魉，一个在屋角用疫病害人。因此，古人在年终时都要举行驱逐疫鬼的法事。这种法术世代相传，逐渐演变成各种消灾纳福的驱鬼活动。这些现象都是君主不行德政，世道衰微的结果。如果祭祀可以得福，驱鬼可以去凶，那么君主就可以用天下财物祭祀以延长国祚，富人就可以花费大量钱财驱鬼消灾，以求得延年益寿。可事实并非如此。福祸取决于人事。昏君无论举行何等祭祀，功业依然不能成，统治依然不稳定。隆重的祭祀尚且无法获得保佑，用武力驱除鬼神又有什么好处？

王充把福祸的产生归结于人的因素，把迷信盛行归结于政治腐败和愚昧无知。他指出："衰世好信鬼，愚人好求福。"明白人是不干这类蠢事的。这种见解是相当深刻的。

算卦问卜不可靠

算卦问卜是最古老的迷信之一。现知最早的算卦问卜方式是卜筮。卜筮是卜与筮的合称，所谓"卜者问天，筮者问地，蓍神龟灵，兆数报应"。殷墟甲骨卜辞就是卜问过程及结果的记录。具体方法是：先在龟甲或兽骨的背面钻出深孔。占卜时用火灼烧钻孔，骨头经火一烧，就会在正面出现爆裂。这种裂纹叫作"兆"。占卜者依据兆的形态推测吉凶。筮是用蓍草问卦。具体办法是：用蓍草五十根，按照规定的办法分配蓍草，重叠组合成变化的数字，得出相应的卦象，这叫作"数"。算卦人根据卦象来推测吉凶。《易经》就是算卦的工具书。

在中国古代，不乏怀疑、批评算命术的明达之士，王充就是其中的一个。他对卜筮之术有鞭辟入里的批判。

王充认为，天道自然无为，不可能听到并解答人们的疑问。闲来无事以卜筮为游戏，照样会得到兆数，难道天地是在胡乱应答吗？有人指天骂地，然后卜筮，照样得到兆数。天地如果真有神灵，它就应当知道这样的占卜者是在戏弄它、污辱它，并让他们受到惩罚。然而事实并非如此。这恰恰表明，兆数并非天地的指示，蓍灵龟验的说法是无稽之谈。让枯龟之骨、死蓍之茎传递天与人之间的信息，这就像让死人向活人报信一样，是根本不可能的。

王充没有完全否认卜筮的作用。但是，他认为那些占卜应验的故事纯属偶然巧合。例如，鲁国大夫孙得臣有一个儿子，名叫叔孙豹。这个孩子出生时算了一卦，得到"《明夷》之《谦》"的卦象。占卜者依据卦象推测：这个孩子将来先是逃难，然后回国当大夫，最后被饿死。叔孙豹果然一度到齐国避难。他有一个儿子名叫牛，人称"竖牛"。叔孙豹十分宠爱竖牛。品质恶劣的竖牛把家里搅得一塌糊涂。叔孙豹被活活饿死。在王充看来，这纯属巧合。只要占卜总会出现兆数。卜筮者随意解释，有时也会偶然巧合，人们便以为灵验。周武王准备伐纣，用卜筮询问能否成功，结果是"大凶"。姜太公走上前去扫掉蓍草、踏破龟甲，大声说道："尸骨和枯草怎么能预知吉凶？不必相信这一套。"出兵后，一举攻破商朝都城。王充认为，在裁断政务时不妨借助卜筮，表示有鬼神在支配，并非自己独断专行，以增强人们的信心。如果真的相信这一套，完全遵照占卜的结果去做那就大错特错了。

王充又举了一个"占梦"的例子，证明算命术不可信。在晋楚城濮之战的决战前夕，晋文公做了一个怪梦。他梦见与楚成王扭打在一起，楚成王趴在他的身上吮吸他的脑汁。负责占卜的人断定：晋军将被楚军打败。晋文公的舅舅狐偃不以为然，他说："这是一个很吉利的梦。你的脸朝上，对着天，所以能得到上天的保佑。楚成王背对天，头朝下，这预示他将低头服输。脑子是柔软的东西，他吸食了你的脑子就会变得软弱无力。"结果双方交兵，晋军大败楚军。同是一个梦，占梦却有两种结果。占梦是不可信的。

王充指出：各种禁忌与方术都是从事迷信活动的人编造出来的。其目的是恐吓愚昧之人，骗取钱财、捞取好处。这个看法是正确的。直到今天，这类江湖骗子仍大有人在。愚人迷信，迷信愚人。骗术形形色色，而目的只有一个：骗钱。

时命论与王充思想的局限性

王充对当时的社会现实并不满意，时时透露出愤世嫉俗的情绪。他对世族政治和吏治腐败更有切肤之痛，曾给予无情的揭露和抨击。王充蔑视豪门权贵和贪官污吏，痛斥这批人不学无术、徇私为己、贪赃枉法、鱼肉百姓。他指出，"处尊居显，未必贤"，"位卑在下，未必愚"。由于境遇和机遇不同，常常出现贤人在下、愚者在上的现象。造成这种社会不平的原因之一是昏庸之君"不能知贤，不能知佞"。

为什么国家有治乱兴亡，人性有善恶贤愚，人间有贵贱贫富，人事有吉凶祸福？汉儒的回答是：有天生注定的"正命"，有善恶有报的"随命"，有意外遇到的"遭命"。归根到底，命运是天神有意识、有目的的安排。主张天道自然的王充摒弃这类说法，他重新诠释性、命、时、数等哲学范畴，提出时命论，试图从另一个角度在整体上把握社会和人生的必然性和偶然性。

王充认为，性与命取决于人之初的自然禀赋。当父母结合受孕之时，一个人便因父母施气而受命，他的善恶、智愚、吉凶、祸福、寿夭也由此而注定。"性"与"命"具有偶然性和自发性，取决于某一时刻偶然禀气的属性。"性所禀之气，得众星之精"。众星在天，各有其象。"得富贵象者则富贵，得贫贱象者则贫贱"。父母构精之时的禀气，注定了人的秉性、命运和寿命。在这里，"时"是偶然，却又注定了必然。"操行善恶者，性也；祸福吉凶者，命也。"性与命，决定着人的一生是不可改变的。性与命有所区别，"性自有善恶，命自有吉凶"。性与命的不同搭配，注定了形形色色的人生之旅。有的人性善而命吉，有的人性善而命凶；有的人性恶而命凶，有的人性恶而命吉。自王公贵族到庶民百姓，无论圣贤与下愚，凡有首、有眼、有血气的动物都有注定的命。人的命运与才能无关。"贵贱在命，不在智愚；贫富在禄，不在顽慧。"与太阳晨出而暮落一样，一个人的贵贱贫富取决于自然法则，智慧与才能都无法改变禄命。人命如此，国命亦然。"世治世乱，在时不在政；国之安危，在数不在教。"君主是否贤明，政治是否开明，国家是否安宁，都取决于命数，人力无法改变。

在王充看来，命数来源于偶然的禀赋之气，又注定了人生和社会的必然。这就从天神意志命定的宿命论走向了元气自然命定的宿命论。时命论否定天有意志论，但不否定天命论，实质上是天命论的又一种理论形态。时命论集中反映了王充思想的矛盾和局限。在《论衡》中，这一类现象还有很多。例如，批评以符瑞之说神化帝王，又以符瑞之说张扬汉家帝王之德；否定有鬼之说，又将一些"鬼"的故事说成是"妖"在作怪。

人们可以从诸多角度分析产生这种矛盾与局限的原因。仅从政治思维的角度看，王充批判君权神授，又肯定君主制度；批判经学思维方式，又肯定其核心政治价值；批判世族门阀政治，又肯定贵贱尊卑等级。简言之，他批判统治思想的哲学基础，却肯定统治思想的基本内容，因而只是以一种更富于思辨色彩的哲学去取代官方哲学中荒诞不经的部分。这必然导致思想的局限。从一种命定论走向另一种命定论，正是政治视野的局限在哲学上的体现。这种局限必然使王充的思想正确与谬误交错，珠玉与砂石杂糅。

《论衡》历史作用可以主要从两个方面去考察：一是对异端思潮的影响，二是对统治思想的影响。

王充是东汉怀疑批判思潮的一个开端。他给僵化、禁锢、腐朽的经学以强有力的冲击，为沉闷的思想界吹来一股清新之风，引发了离经叛道的倾向。这股思潮逐渐汇聚，后来流变为崇尚自然、轻慢名教的玄学思潮。

王充一直被正统思想的维护者视为异端。实际上，《论衡》在君权至上、礼乐刑政、伦理纲常等基本社会政治原则上，与正统思想并无二致。从思想发展的历史过程看，综合儒道，博通百家，以天道自然论弱化天人感应论，正是从两汉经学到宋明理学的发展趋势。王充是这种理论形态调整的先驱者之一。

在今天看来，王充的思想有许多局限和缺陷。但是，他不信神、不信鬼、不盲从权威，反对虚妄而无所避讳，追求真理而不承认偶像，这种精神很值得学习。王充使崇信正统思想的人感到畏惧，使追求真知灼见的人感到鼓舞，这是一个基本的历史事实。

第 5 章

中国古代无神论的一座丰碑

王充的《论衡》，前无古人，继往开来，质疑权威、蔑视俗流，闪烁着思想的光芒。正如古人所评说：这部书用功勤苦、学识渊博，论点出人意表。古往今来，多少文人墨客求一言传世而不可得。《论衡》却流传千载，成为中华古代文化的一件珍宝。

一、王充思想对东汉以来社会思潮的影响

两汉之际，扬雄批判汉代经学、桓谭批判谶纬之学和王充批判各种虚妄，这三位具有代表性的思想家可谓开风气之先。王充又是名著青史的"后汉三贤"的第一位。《论衡》对汉魏的思想潮流也有重要影响。仅凭这些历史现象就足以奠定王充在中国思想史上的崇高地位。

启智助谈的奇书不胫而走

王充生前就是当地颇有名气的学者。他的思想与学问对朋友、学生有较大的影响。他的同乡与友人谢夷吾就曾上疏汉章

帝，盛赞王充的才学与著述。

《论衡》起初在王充家乡一带传播。三国时的虞翻是会稽郡余姚人，他是治《易》名家，撰有《易注》等。虞翻称赞王充为会稽英俊，又因主张世无神仙而得罪权贵。这是王充对当地学术有一定影响的证据之一。

会稽郡当时尚属边远地区。因此，王充的思想在很长时间内并未在全国范围内产生大的影响。但是，一部思想卓异、内涵丰富的奇书是很难被永久埋没的。东汉末年，有两位著名学者或因避难，或因仕宦，来到王充的家乡一带。见到《论衡》一书，他们如获至宝。从此以后，《论衡》广为流布。

东汉末年，有位知名学者名叫蔡邕。他精通天文、辞章绝妙、擅长史学，被当时的人们视为"旷世逸才"。由于得罪权贵，他四处漂泊，曾在江南住了十二年之久。正是在此期间，蔡邕得到了《论衡》的抄本。蔡邕对王充的思想赞叹不已，认为他的才学超过了先秦诸子。汉灵帝中平六年（189），蔡邕返回中原，《论衡》也随着他来到京师。由于蔡邕喜爱《论衡》，秘不示人，一度影响了这部书的流传。

蔡邕从《论衡》中获得启发和教益，辩才大增。在朋友聚会时，他谈锋甚健、口若悬河。众人见他才学骤长，都猜测他可能得到一部奇书异文。有一天，一位朋友趁蔡邕不备闯入他的卧室，果然在帐内一个隐秘的地方发现了《论衡》这部书。他抓起几卷就往外跑，弄得蔡邕拦也拦不住，夺又夺不回。无可奈何，只好飞步赶上前去，一而再再而三地叮嘱这位朋友："千万可别传给别人看呀，让咱们俩人共享这个秘密吧！"

无独有偶，历史又记载了另一则颇相类似的故事。汉魏之际的王朗高才博雅、性格严谨、慷慨好施。他在魏文帝时位居三公。王朗注释的《易》《春秋》《孝经》《周官》在学界颇有影响。王朗一度任会稽郡太守，大约在这时他得到了《论衡》的抄本。

孙策渡江略地，攻占会稽郡，王朗被迫返回中原。汉献帝建安三年（198），他被曹操征还许昌。亲朋欢聚、群僚集会，都觉得他才学敏捷、进步迅速，于是在私下议论说："王朗此次到南方做官，不是遇到了学识渊博、思想非凡的异人，亲自聆听过有益的教诲，就是读到了奇文异书，从中获得了知识和启迪。"经大家一问，王朗坦诚地说："我这次在会稽郡做地方长官，得知当地的士人都很推崇一个名叫王充的古人。人们说他博学多才，深究天人之际，穷极人情事理，著书百余篇，解释经传中的疑难问题，论述治国安民之道，见解深邃令人耳目一新。我派人找来《论衡》，浏览之余深感果然名不虚传。"王朗把《论衡》奉献出来，供亲朋好友借阅传抄。

蔡邕、王朗、虞翻等人都是当时学术地位颇高的知名学者。他们的好评是很有说服力的。正是经由蔡邕、王朗等人之手，《论衡》在中原广泛传播，逐渐具有了全国性的影响。

魏晋以降，《论衡》八十五篇本广为流传。晋代葛洪的《抱朴子》、南朝范晔的《后汉书》、刘勰的《文心雕龙》都对王充及其著作有很高的评价。《隋书·经籍志》《旧唐书·经籍志》《新唐书·艺文志》均著录了《论衡》卷帙，并归之于"杂家"。唐宋以后，刻书者众。现知《论衡》的第一个刻本，印于北宋仁宗庆历年间。南宋孝宗乾道三年（1167），洪适又校刊《论衡》于会稽蓬莱阁。宋明以后，刊本很多，流传更广。《四库全书总目》亦将其归入《子部·杂家》。史籍中多有"帐中异书，汉儒之所争睹"的记述和文人学士"往往自守书椟为家宝"的赞语。《论衡》的影响，由此可见一斑。

开风气之先的思想家

王充是一个奇人，《论衡》是一部奇书。王充及其思想对东汉后期和魏晋之际的学术风格、社会思潮有着深刻的影响，可谓开风气之先。

自汉武帝独尊儒术以来，儒家经典为士人普遍尊奉。崇拜孔子、尊奉经典、恪守礼教、尽忠朝廷，是广大士人崇尚的理想品格。到东汉后期情况发生了变化。在学术上，烦琐、僵化、荒诞的经学失去了感召力。在政治上，外戚擅权、宦官专政、政治腐败、皇权衰微，人们逐渐与政权离心。汉家政权崩坏、儒家经学中衰，政治与学术两大权威渐趋解体。于是一股具有批判性的社会思潮乘势而起。

恰在此时，得风气之先的《论衡》不胫而走，为骚动不安的思想界带来一股清新的气息。蔡邕秘其闻以资谈助，王朗得其书时称才进，这恰恰反映了当时的人们对陈词滥调的厌弃和对标新立异的欣赏。在一个变动不居、思潮涌起、价值观念发生重大变革的时期，《论衡》直面各种权威的思辨与批评，否定正统学说的气魄与胆识，面向实际、实事求是的态度与思路，无疑为具有批判性的社会思潮提供了思想材料和理论武器。在这一时期，《论衡》作为一部奇书迅速传遍四方，绝非偶然。

思想批判是政治批判的先驱。从王充的思想批判到王符、仲长统等人的政治批判，形形色色的"非礼"言论一发而不可止。王符和仲长统都是东汉末年著名的社会政治批判思想家，对当时社会的黑暗腐朽进行了无情的揭露和批判。在精神上，王充是他们的先驱。

《论衡》还为魏晋玄学的兴起开辟了道路。沿着质疑经学、轻慢礼法、蔑视名教、倡导天道自然的思想走向发展，势必导出魏晋玄学的思潮。玄学的一些著名代表人物都受到《论衡》的启发，何晏、王弼以天道自然注解儒家经典，嵇康、阮籍嘲笑非议先王圣贤，郭象宣扬绝对的自然命定论，就是很好的例证。

从魏晋至隋唐，王充与《论衡》的影响不断扩大。一些著名学者对王充与《论衡》作了积极的评价，对王充的思想成就予以肯定。

晋代著名思想家葛洪对王充十分推崇，称之为"冠伦大才"。在《抱朴子》中，葛洪以专文颂扬王充的才学，盛赞《论衡》的博大气象与丰富内涵，肯定了王充吐纳百家之言，博采诸子之长自成一家之说，著述宏富之书的学术意义。

南北朝时期的著名文学评论家刘勰对王充也有相当高的评价。在《文心雕龙》中，他把王充同司马相如、扬雄、桓谭、张衡、左思等汉代著名学者相提并论，将王充列为汉代最重要的学者之一。刘勰对王充的"养气"思想也大加赞赏。范晔著《后汉书》，将东汉一代最富批判精神的王充、王符、仲长统合为一传，并肯定他们校正时弊的历史贡献。由于《后汉书》有广泛的影响力，遂使王充名垂青史。

唐代著名思想家、文学家韩愈著有《后汉三贤赞》，称王充、王符、仲长统为"后汉三贤"。著名史学家刘知几虽然对王充的一些做法不以为然，却对他的求实精神给予了肯定。在刘知几看来，《论衡》最可贵之处在于它能实事求是地考辨经书记载的是与非、虚与实，不使谬说欺惑后人。他所著的《史通》深受《论衡》的影响，实事求是、富于批判、秉笔直书的精神贯穿《史通》全书。

在各种迷信与崇拜大肆流行的时代，《论衡》像茫茫黑夜中的一把火炬，放射出灿烂夺目的异彩。在中国历史上大胆非议神权、王权，全面破除各种迷信的思想家寥若晨星。王充的批判精神具有振聋发聩的作用，他的质疑精神推动了认识的深化。魏晋以来，批评汉儒的天人感应论的声音越来越强烈。隋唐以来，天道自然思想逐渐在学术领域占据主流地位。唐代官方儒学代表作《五经正义》和宋明理学诸子的著作都以"天道自然""自然之理"作为哲学基础。王充无疑为这一思想演化的过程作出了重要的历史贡献。

二、"一代英伟"？"千古罪人"？

关于《论衡》的境遇，可以借用《四库全书总目提要》的一个提法："攻之者众，好之者终不绝。"有人赞扬王充为"一代英伟"，有人指责王充为"千古罪人"。从这种毁誉交加的现象中，也可以体味到王充的历史地位和《论衡》的思想价值。

"背经离道"的"名教罪人"

在王朝相对稳定的盛世和官方儒学极盛的时代，王充系统剖析官方学说、主流文化的哲学根基和重要内容。这在整个中国古代也是极其罕见的。他观点鲜明、立论激烈，对传统思想和世俗文化多有抨击和否定，因而一直被正统思想的维护者指责为"背经离道，好奇立异"的"异端"。在这个意义上，王充是开创"异端"之先河的思想家之一。历朝历代都有人对王充及《论衡》提出非议和责难，甚至进行恶毒的攻击和谩骂。这类贬抑主要针对两个方面而发：一是指责《论衡》粗糙浅陋、烦琐芜杂、无甚精义。二是攻击《论衡》非议圣贤、离经叛道、充满邪说。

早在《论衡》问世之初，就有人向王充提出种种责难。他们指责《论衡》的批判精神太强而"不合于众"，仅是一家之言而不合乎经典之义。一些人认为《论衡》的文章浅露，而王充是个"性情浮躁的恶人"。有的甚至影射他是"无类而妄生"的"妖变"。

在晋代，与葛洪同门的鲁生批评《论衡》"或儒或墨"、词义不美、内容庞杂、缺乏要旨，甚至把《论衡》比作砾石、蒿莠，以贬低其价值。在《抱朴子·喻蔽》中，葛洪批驳了这类说法。他指出："夫作者之谓圣，述者之谓贤。"孔子的著作也存在与《论衡》类似的不足之处。只要一部书"事义高远"，即使有一些缺点也瑕不掩瑜。正如众多的污垢无损于江海的深邃，无数的曲木无损于五岳的险峻。如果用"羔羊之肥"嘲笑"巨象之瘦"，或者因嫌弃有枯枝败叶而伐掉整棵大树，这都是非常可笑的。

宋代以降，贬低《论衡》思想价值的说法更加强烈。例如，宋代高似孙的《子略》批评《论衡》"乏精核而少肃括"。陈振孙的《直斋书录解题》认为《论衡》一书"自今观之未见其奇"。明代的胡应麟的《少室山房笔丛正集》认为《论衡》是一部烦猥琐屑之书。清代的《四库全书总目提要》亦称"儒者颇病其芜杂"。实际上，除了《论衡》自身的确存在一些缺点之外，这类评说的产生还有一个深层次的原因，即在维护正统思想的人看来，王充问孔刺孟的"横议之罪"不可宽恕。

王充之所以受到攻击，最重要的原因是"离经叛道"这四个字。在中国古代，读书人大多崇拜孔子先师，维护经书权威、恪守名教礼法。其中一些"卫道士"不容忍任何"诋毁圣贤""厚辱祖先"的思想存在。因此贬低、非议、攻击、谩骂王充与《论衡》的现象很常见。

自唐朝的刘知几以来，这一类的评说就不绝于史：王充自报家门低贱、父祖不贤的做法"厚辱其先"，不符合儒家"扬名显亲"的道德标准，实为"名教"之罪人。宋明以降，天理纲常被理学诸子奉为宇宙大法，孔孟之道被儒家传人奉为人间至理，于是对王充的攻击也逐步升级。南宋的黄震认为，王充说龙无神灵、雷无天威；说天地无生育之恩；说人死无知、不能为鬼。这是要废弃天地百神之祀，轻蔑父母骨肉之情，纯属发泄怨愤、不知轻重。清朝的杭世骏咒骂道，"《论衡》之书虽奇，而不孝莫大"，这是一本最为"坏人心而害世道"的书。钱大昕把"后世误国之臣"，统统归罪于"《论衡》启其端"，认为是《论衡》把这些人教坏了。赵坦指责王充蔑视天地、不信鬼神、贬抑圣人、怀疑孔孟，断言："《论衡》八十五篇多与圣贤之旨悖。"乾隆皇帝的说法更有代表性：王充是"背经离道，好奇立异之人"。他不应当"怨天尤人，诬及圣贤"。问孔刺孟的做法无异于"明末李贽之邪说"，"已犯非圣无法之诛"。那些肯定王充的人都是"乱世惑民之流"。《四库全书总目提要》也给王充加上攻击圣贤、不孝先人的罪名。不难看出，王充受到责难的主要原因是他的思想冲击了以孔孟之道为代表的统治思想。

值得指出的是：一些具有新儒家色彩的现代学者依然在这类问题上大做文章。例如，徐复观认为，王充单纯从事实判断的角度论说父母生子现象，这种人本身就没有"孝的观念"，更不可能如《后汉书》所记"乡里称孝"。他还依据一些文献的讹误，臆断王充晚年"受到乡里的谴责"。显而易见，这类"攻之者"之所以贬低王充的人格及其思想的价值，主要不是出自比较客观的学术判断，而是出自某种非理性的价值判断。

但是，《论衡》的思想价值恰恰在于触动了中国传统文化中，特别是儒学中许多非理性的内容，并在一定程度上推动人们的世界观、伦理观回归理性。

才智过人的"一代英伟"

王充追求真理而痛疾虚妄，针砭时弊而思无禁忌。在儒学占统治地位的历史环境下，王充敢于冒天下之大不韪，蔑视天地、否定鬼神、非议孔孟、批评经典，这就必然遭到维护正统思想者的口诛笔伐。但是，争议越大，《论衡》在历史上的影响也越大。更何况谩骂毕竟遮不住真理的光芒。这些人的诽谤和攻击，恰恰反衬出《论衡》的思想价值和王充的历史地位。

王充是一位对中国文化发展有深远影响的思想家。在汉代特定的思想文化环境下，王充"距师""伐圣""疾虚妄"的思想，可谓振聋发聩、石破天惊。他为面对同一类虚妄的历代思想家提供了重要的思想材料。受到王充思想启迪的历代有识之士对王充的人品、才学和探索，对《论衡》所表现出来的理性精神、求实精神和批判精神都给予很高的评价，赞为"一代英伟"，引为"千载知音"。其中一些儒家学者不仅没有将王充视为"异端"，反而认为王充的思想有助于"圣贤之言"的传播。

魏晋隋唐，《论衡》受到许多有识之士的重视而得以广泛流传。蔡邕"叹其文高，度越诸子"。王朗、虞翻、葛洪、刘勰等一批著名学者亦有类似的评价。其中，王朗、虞翻是经学家，他们不仅没有将王充视为"异端"而加以排斥，反而给予高度的评价。由此可见，《论衡》并非单纯是"助谈之书"，它对当时的学术界、思想界有重要的启迪作用。

自宋以降，翻刻《论衡》者代有其人。一些学者通过作序跋的方式，肯定王充与《论衡》的理论贡献。例如，北宋的杨文昌在《论衡序》中称赞该书"雄辩宏博"。又如，明代的沈云楫认为王充的《论衡》"旁征博引，释异同，正嫌疑"，比王符的《潜夫论》、仲长统的《昌言》有更高的学术价值。

明清之际，王充思想受到一些具有启蒙色彩的思想家的重视和弘扬。他们对王充反对天人感应论、抨击神鬼思想所表现出来的理性精神、求实精神和批判精神予以了很高的评价。王夫之认为，王充没有人云亦云，具有真知灼见，称赞王充为反对天人感应迷信思想的先锋。熊伯龙认为《论衡》一扫"神怪之说"，是"入德之门"，有助于"圣贤之言"的传播。

三、现代学术研究对王充的历史定位

近代以来，王充成为中国思想文化史研究的一个热点人物。学者们从哲学史、文化史、科学史、文学史等不同视角解读与评价王充的思想。除了少数学者倾向于贬低《论衡》的历史价值外，绝大多数中外学者给予王充很高的历史定位。

1911 年，由福尔克翻译的《论衡》英译本出版。王充日益受到各国汉学家的重视。王充冲破偏见、非议孔孟，长期以来中国学者动辄兴师问罪，而现代西方汉学家却因此而激赏之。例如，在《王充——中国古代的唯物主义者和启蒙思想家》一书中，苏联学者阿·阿·彼得洛夫将王充与古希腊的伊壁鸠鲁相提并论。他认为："《论衡》不仅是一部中国的，而且是一部世界的哲学、政论的卓越作品。"在《中国科学技术史》一书中，李约瑟认为，王充思想是一种远比当时的欧洲科学思想先进的"科学自然主义的世界观"。《剑桥中国秦汉史》的作者认为，王充是汉代理性主义的最重要的代表人物。日本学者森三树三郎认为，关于无神论的观点，现代人与王充的立场相同。王充所提出的课题，可谓已超越历史而仍然为现代人的课题。日本学者狩野直喜则引用了梅耶的论断：王充或许为中国哲学家中最具新颖、最有思想者。他又引用霍克的观点，称王充"无疑乃为中国之伏尔泰"。还有众多学者论及这一点：在科学精神超前觉醒方面，王充为他以前的所有中国古代思想家所无法企及。

关于王充与《论衡》的历史地位，中国学术界也有很高的评价。与国外学者不同的是：在中华民族力图摆脱内忧外患而走向了新的觉醒过程中，王充与《论衡》理性精神和批判精神再度受到重视。

王充敢于冲决偏见的罗网的批判精神，获得学术界的广泛好评。例如，章太炎认为，"汉有一人焉，足以振耻"。王充"善为蜂芒摧陷"，在汉代著作中最具批判性的当属《论衡》。梁启超称《论衡》为"汉代批评哲学第一奇书"。黄侃指出："《论衡》之作，取鬼神阴阳及一切虚言谰语，摧毁无余。"他还以"久行荆棘，忽得康衢"，比喻《论衡》的历史作用。

王充是具有近代实验科学精神的超前的思想家，这也是许多研究者的共识。例如，胡适对王充思想的批判性、实证性、科学性给予高度评价。他认为："王充的哲学的方法，只是当时科学精神的表现。"许多学者也认为，王充打破儒者的偶像崇拜，颇合于英国近代经验派哲学及现代美国实验哲学的精神。

众多学者肯定王充在逻辑学方面的贡献。例如，章士钊认为，王充"开东方逻辑之宗"。蒋维乔将王充与培根相提并论，称之为古代东方逻辑大师。徐道邻认为，王充长于严格的逻辑思考和细微敏锐的观察，从思想方式和学术气息上比任何中国古代思想家都更与现代人接近。

为数众多的研究者认为王充是中国古代唯物主义思想的杰出代表。在侯外庐、冯友兰、任继愈、张岱之等一批著名学者的中国哲学史著作中，这一类的评价不胜枚举。许多学者指出：王充批判地继承先秦唯物主义哲学，汲取汉代自然科学研究成果，在批判唯心主义哲学和神学迷信思潮的斗争中，建立起比较完整、比较系统的朴素唯物主义哲学体系。在批判先验论和圣贤观的过程中，王充把"实"作为认识的出发点和归宿，提出了"求实疾虚"的认识方法。这是一项重大的理论贡献。王充用元气来解释自然现象和生命现象，并把元气作为解释一切自然和社会现象的出发点，这就从多方面论证了世界的物质性。这种思想是对古代唯物主义思想的重大发展，也是批判各种神学迷信的有力武器。我国历史上杰出的唯物主义哲学家柳宗元、张载、王夫之、戴震等人，都把自然的物质的"气"看作世界的本原，进一步发展了王充的思想。

正如许多学者所指出的：王充是古代无神论者的杰出代表。他的最重要的历史贡献体现在无神论理论方面。王充以摧枯拉朽之势批判弥漫东汉一代的神学思潮，他不仅集先秦以来无神论之大成，而且通过融会贯通、提炼升华，进一步完善发展，第一个建立了系统的无神论理论体系。这个理论体系开拓了无神论发展史上的新局面，也为后世反对神学迷信的斗争开辟了道路。《论衡》对魏晋的无鬼论、范缜的神灭论以及其他无神论者的思想有重大影响。清初熊伯龙的《无何集》，就是以分类编排《论衡》的无神论观点为基础，加以补充、评论而成的。在这个意义上可以说，《论衡》在中国思想史上具有划时代意义。

王充是一位思想的伟人，是中华民族的骄傲！

附　录

年　谱

27 年（东汉光武帝建武三年）　王充出生于会稽上虞（今浙江上虞区）。

32 年（建武八年）　其父王诵开始教王充识字。

34 年（建武十年）　进入书馆读书。

35 年（建武十一年）　完成书馆学业，开始修习儒家经典。

38 年（建武十四年）　会稽疫病流行，死者数以万计。王诵可能死于是年。

44 年（建武二十年）　王充见到年仅十三岁的班固，称赞他必将天下知名。

61 年（永平四年）　大约在此前后，王充返回故乡上虞，以教书为生。此后，王充先后担任上虞掾功曹、会稽郡都尉府掾功曹、郡列掾五官功曹。具体任职时间不详。

77 年（建初二年）　中州歉收，流民四散。王充时任会稽郡太守府五官功曹。他忧国忧民，先后著有《备乏》《禁酒》《政务》等。

78 年（建初三年）　王充因建议不被采纳，辞去五官功曹职位，作《讥俗节义》十二篇。

86 年（元和三年）　扬州刺史董勤征辟王充为从事。他先后迁居扬州部丹阳、九江、庐江，转任治中从事史。

88 年（章和二年）　扬州部建制撤销，王充返回上虞。大约在此前后，友人谢夷吾上疏举荐王充，汉章帝特诏公车征，王充因病未能成行。

90 年（永元二年）　大约在此前后，王充自感健康状况不佳，作《养性》之书十六篇。

96 年（永元八年）　作《自纪篇》，《论衡》大体完成。永元中，王充病逝于家，享年七十余岁。

主要著作

1. 《论衡》八十五篇
2. 《讥俗节义》（已佚）
3. 《政务》（已佚）
4. 《养性》（已佚）

参考书目

1. 刘盼遂：《论衡集解》，古籍出版社，1957 年。
2. 北京大学历史系《论衡》注释小组：《论衡注释》，中华书局，1979 年。
3. 钟肇鹏：《王充年谱》，齐鲁书社，1983 年。
4. 吴承仕：《论衡校释》，北京师范大学出版社，1986 年。
5. 田昌五：《论衡导读》，巴蜀书社，1989 年。
6. 王举中：《王充论》，辽宁大学出版社，1991 年。
7. 袁华忠、方家常：《论衡全译》，贵州人民出版社，1993 年。
9. 周桂钿：《虚实之辨——王充哲学的宗旨》，人民出版社，1994 年。